EL REGRESO DEL REY

REDESCUBRIENDO LA MASCULINIDAD EN UNA CULTURA QUE OLVIDÓ LO QUE ES UN HOMBRE

BY: JONATHAN VALENTIN

Derechos de Autor

Las citas bíblicas son tomadas de la Santa Biblia.

Impreso en los Estados Unidos de América.

Dedicatoria

Este libro está dedicado a los jóvenes hombres que están creciendo en un mundo que muchas veces intenta confundirlos sobre quiénes están llamados a ser. Están viviendo en una época en la que la hombría es constantemente cuestionada, la paternidad es minimizada en ocasiones, y la presencia de padres fuertes es presentada como innecesaria. Sin embargo, nada podría estar más lejos de la verdad. Los hombres son necesarios hoy más que nunca. Los padres presentes importan. Su fortaleza, su guía y su responsabilidad moldean la estabilidad de las familias y el futuro de las generaciones. Que nunca olvides que tu rol como hombre lleva propósito, responsabilidad y dignidad. El mundo puede intentar redefinir estas verdades, pero siguen siendo tan importantes hoy como siempre lo han sido.

También dedico este libro a mi hijo. Hijo mío, este libro y *Las Heridas de un Rey* son parte de mi legado para ti. No son simplemente palabras en papel, sino un mapa de lo que he aprendido sobre cómo navegar los desafíos de la masculinidad en el mundo moderno. Recuerda siempre esto: eres más fuerte de lo que crees, eres amado más de lo que jamás podrás comprender, y no pasa un solo día sin que piense en ti y en el hombre que debo seguir esforzándome por ser—el padre que tú mereces. No soy perfecto. Fallo todos los días. Pero cada vez que caigo, me levanto. No simplemente porque quiero hacerlo, sino porque te debo esa responsabilidad.

Siempre lucharé por tu bienestar. No puedo prometer que estaré presente durante toda tu vida, pero sí puedo prometerte que te amaré incondicionalmente durante toda la mía. Papá te ama, hijo. Nunca lo olvides. Y recuerda esto por encima de todo: honra primero a tu Padre celestial y en segundo lugar a tu padre terrenal.

Te amo hijo.

Introducción

Durante la mayor parte de mi vida, creí que el mayor desafío que enfrentaban los hombres era externo. Pensaba que la lucha de la masculinidad provenía principalmente de fuerzas culturales que la malinterpretaban, la criticaban y lentamente reformaban lo que la sociedad esperaba de los hombres. Mientras más observaba las conversaciones sobre la masculinidad en la cultura moderna, más parecía que la hombría en sí se había convertido en algo controversial.

Pero con el tiempo, mi perspectiva comenzó a cambiar. Empecé a darme cuenta de que, aunque la cultura ciertamente influye en cómo se percibe la masculinidad, la crisis más profunda que enfrentan los hombres no es simplemente la oposición cultural. La crisis más profunda es la responsabilidad.

La responsabilidad no puede legislarse, ni puede ser impuesta por la cultura. Debe ser aceptada por el hombre de manera individual. Cuando la responsabilidad es abrazada, la masculinidad se vuelve estable y con propósito. Cuando la responsabilidad es ignorada, la confusión inevitablemente aparece.

Este libro no fue escrito como un ataque hacia las mujeres, ni como un rechazo a los cambios culturales que han ocurrido durante las últimas décadas. Muchos de esos cambios han generado conversaciones importantes sobre dignidad, equidad y oportunidades. Esas conversaciones importan.

Sin embargo, en medio de estos cambios culturales, algo importante ha ocurrido en silencio. Muchos hombres se han alejado de las responsabilidades que antes definían el liderazgo masculino. No siempre de forma intencional. No siempre por egoísmo. Muchas veces por confusión.

Las expectativas que rodean a los hombres se han vuelto cada vez más contradictorias. Se espera que lideren, pero el liderazgo es frecuentemente criticado. Se espera que provean, pero su rol como proveedores a veces es minimizado. Se espera que sean fuertes, pero la fortaleza es interpretada muchas veces como agresión en lugar de estabilidad.

Estas contradicciones han dejado a muchos hombres inseguros sobre el rol que están llamados a asumir.

El resultado es visible en toda la sociedad. Las familias luchan por mantener estabilidad. Los jóvenes buscan identidad sin una dirección clara. Muchos padres intentan guiar a sus hijos mientras, en silencio, luchan con preguntas sobre su propio propósito.

Las estadísticas reflejan estas luchas de manera contundente. Los hombres representan la gran mayoría de las muertes por suicidio en las naciones occidentales. El divorcio se ha convertido en una característica común de las relaciones modernas. Muchos niños crecen sin una presencia paterna constante en el hogar.

Estas realidades no se presentan aquí como acusaciones. Se presentan como indicadores de un problema más profundo que merece una reflexión honesta.

Pero el propósito de este libro no es enfocarse en los problemas. El propósito es redescubrir la responsabilidad.

La responsabilidad es el fundamento del liderazgo masculino. No está construida sobre dominación, ego o control. La verdadera masculinidad no se mide por cuánta autoridad reclama un hombre, sino por cuán fielmente carga las responsabilidades que le han sido confiadas.

Un hombre demuestra su masculinidad a través de la disciplina, a través de la consistencia y a través de la disposición de mantenerse firme cuando las circunstancias se vuelven difíciles. Pero, por encima de todo, un hombre demuestra su masculinidad a través de su responsabilidad delante de **Dios**.

Durante muchos años busqué claridad sobre estas ideas. Parte de esa búsqueda ocurrió a través del estudio. Parte ocurrió a través de la observación. Pero gran parte surgió de la experiencia personal.

Las reflexiones a lo largo de este libro comenzaron como observaciones sobre el mundo a mi alrededor. Con el tiempo, se volvieron algo más personal.

El recorrido que se describe en estas páginas no es meramente teórico. Refleja lecciones aprendidas a través de éxitos, errores y momentos de honestidad incómoda sobre mis propias responsabilidades como hombre.

En los primeros capítulos de este libro, las reflexiones se presentan a través del personaje de James. James representa a un hombre que lucha con las preguntas que muchos hombres cargan en silencio.

A medida que el libro avanza, la distancia entre James y yo comienza a desaparecer. Las observaciones se convierten en responsabilidad personal.

Porque, en última instancia, la masculinidad no es algo que analizamos desde la distancia. Es algo que vivimos.

El objetivo de este libro no es ganar debates sobre la masculinidad. Los debates rara vez transforman vidas. El objetivo es invitar a los hombres a redescubrir las responsabilidades que le dan sentido a la masculinidad.

Cuando un hombre acepta la responsabilidad por su vida, por su familia y por sus acciones delante de **Dios**, algo poderoso ocurre. La estabilidad comienza a crecer. El propósito se vuelve más claro. El futuro de la próxima generación se fortalece.

La responsabilidad puede sentirse pesada en ocasiones, pero también es lo que forma al hombre en el líder que fue creado para ser.

Si las páginas que siguen logran algo, espero que animen a los hombres a detenerse, reflexionar y hacerse una pregunta simple pero poderosa: ¿qué responsabilidad ha puesto **Dios** delante de mí?

Y una vez que esa pregunta es respondida, el siguiente paso se vuelve claro: mantente firme, cárgala y permanece responsable delante de Aquel que te la confió.

Tabla de Contenido

Capítulo 1: La Masculinidad Bajo Juicio

Capítulo 1: La Masculinidad en Juicio

La masculinidad no está colapsando de forma ruidosa; se está erosionando en silencio. James no lo notó al principio. Ningún hombre lo hace. No comenzó con una caída dramática, sino con preguntas sutiles: preguntas que no sabía cómo responder, expectativas que no sabía cómo sostener y mensajes que no sabía cómo reconciliar. Sé fuerte, pero no demasiado fuerte. Lidera, pero no domines. Provee, pero no priorices el trabajo sobre la presencia. Protege, pero nunca parezcas agresivo. Sé decisivo, pero sin incomodar a nadie. Las reglas no eran claras, y cuando las reglas no son claras, la responsabilidad se debilita.

James sintió la presión mucho antes de poder explicarla. La sintió en las citas, en las conversaciones, en la iglesia, en los espacios profesionales, en el silencio, en discusiones que no entendía y en expectativas que cambiaban a mitad de una frase. Sentía que estaba siendo juzgado sin conocer los cargos, y no estaba solo. En las sociedades occidentales, el matrimonio —que alguna vez fue considerado una institución estabilizadora— se ha debilitado significativamente en las últimas décadas. En los Estados Unidos, aproximadamente cuatro de cada diez primeros matrimonios terminan en divorcio. La tasa anual ha disminuido desde su punto más alto hace décadas, pero la disolución sigue siendo común.

Además, investigaciones presentadas por la Asociación Americana de Sociología indican que aproximadamente dos tercios de las solicitudes de divorcio en los Estados Unidos son iniciadas por mujeres. Este dato no asigna culpa ni explica motivos, pero revela un patrón consistente de fractura relacional. Estas estadísticas no son acusaciones; son indicadores. Si la estabilidad relacional se está debilitando, algo fundamental está cambiando. Pero el divorcio por sí solo no captura la profundidad del problema. Los números más sobrios aparecen cuando observamos el suicidio masculino.

Según datos de los Centros para el Control y la Prevención de Enfermedades y agencias internacionales de salud, los hombres representan entre el 75% y el 80% de todas las muertes por suicidio en los Estados Unidos. En los últimos años, la tasa de suicidio masculino ha sido consistentemente de tres a cuatro veces mayor que la femenina. Esta disparidad no se limita a América. En las naciones occidentales, los hombres mueren por suicidio a tasas significativamente más altas que las mujeres, y el estado civil importa. Múltiples estudios longitudinales han demostrado que las personas casadas tienden a tener tasas de suicidio más bajas en comparación con aquellas que están divorciadas, separadas o nunca se han casado. Las investigaciones sugieren que los hombres divorciados enfrentan un riesgo de suicidio considerablemente mayor que los hombres casados, a menudo entre dos y tres veces más alto en muchos estudios.

El matrimonio, cuando es estable, parece funcionar como un factor protector medible. Eso no significa que el matrimonio cure la desesperación, pero sí significa que la estructura importa, la conexión importa y la responsabilidad importa. James no comenzó su camino pensando en estadísticas; comenzó pensando en confusión. Pero la confusión no era aislada, era un patrón. Si casi la mitad de los matrimonios colapsan, si los hombres se retraen desproporcionadamente en silencio, si las tasas de suicidio masculino siguen siendo dramáticamente más altas, si el divorcio se correlaciona con mayor vulnerabilidad, entonces la masculinidad no está simplemente incomprendida, está desestabilizada. Y la desestabilización no se corrige con debate; se corrige con responsabilidad.

James notó algo más. En cada conversación sobre cambio cultural, los hombres solían reaccionar culpando al feminismo, a la política, a la economía, a las instituciones o a las redes sociales. Muy pocos se preguntaban: ¿Dónde he renunciado? ¿Dónde he debilitado mi responsabilidad? ¿Dónde he evitado la claridad? La responsabilidad es incómoda; culpar es más fácil. Culpar te permite hablar fuerte. La responsabilidad te obliga a mirar hacia adentro. James no estaba enojado con la cultura; estaba inquieto consigo mismo, porque debajo de cada cambio cultural había una verdad más silenciosa: un hombre no puede delegar la estabilidad de su propia vida.

Ni a su esposa, ni a su pastor, ni al gobierno, ni a las tendencias, ni a los movimientos. La responsabilidad no desaparece cuando las expectativas cambian; se transfiere. Y si un hombre se niega a asumirla, algo frágil cargará con el peso, y muchas veces esa fragilidad es la familia. James creció observando hombres que cargaban fuerza sin claridad. Algunos eran dominantes pero no disciplinados, algunos estaban presentes pero no lideraban, algunos eran espirituales pero no responsables, algunos proveían pero eran emocionalmente distantes. Muy pocos modelaban una responsabilidad ordenada.

En su experiencia, la masculinidad era ruidosa o silenciosa, rara vez firme. El mundo ofrecía dos imágenes distorsionadas: el hombre agresivo o el hombre que se disculpa por todo. Ninguna se sentía correcta. Uno controlaba, el otro se retiraba, pero ninguno encarnaba lo que la Escritura describe como fuerza bajo autoridad. Mientras más James examinaba el discurso cultural, más notaba algo sutil: la masculinidad estaba siendo constantemente evaluada, pero rara vez definida. A los hombres se les decía lo que no debían ser, pero rara vez en qué debían convertirse. No seas tóxico. No seas opresivo. No seas rígido. No seas insensible. Pero, ¿cuál es la estructura positiva? ¿Cuál es la asignación? ¿Qué va primero?

Sin prioridad, la identidad se desvía. Sin asignación, la fuerza se fragmenta. Sin responsabilidad, la autoridad se corrompe. James se dio cuenta de que la masculinidad no estaba bajo ataque solo por movimientos culturales; estaba bajo presión porque la responsabilidad se había vuelto borrosa. Cuando la prioridad cambia, todo cambia. Si la comodidad es primero, la disciplina se debilita. Si la aprobación es primero, la convicción se suaviza. Si la seguridad es primero, el valor duda. Si la emoción es primero, la estructura se disuelve.

James comenzó a hacerse preguntas más difíciles. ¿Y si la crisis no es que la masculinidad sea demasiado fuerte? ¿Y si no está ordenada? ¿Y si los hombres no son demasiado dominantes, sino desanclados? ¿Y si el problema no es la agresión, sino la renuncia a la responsabilidad? Las estadísticas no eran munición política; eran evidencia de inestabilidad. Hombres muriendo en tasas desproporcionadas. Familias disolviéndose con frecuencia. Hogares perdiendo estructura. Niños creciendo sin modelos firmes. Padres inseguros de su rol. Esposos dudando en liderar. Iglesias dudando en aclarar.

James sintió algo despertar. No era enojo; era claridad. Si el hogar se desestabiliza, la cultura se desestabiliza. Si los hombres se desestabilizan, los hogares se desestabilizan. La crisis de la masculinidad no se resuelve con argumentos más fuertes; se resuelve con prioridades reordenadas. Y la prioridad siempre comienza con la sumisión: sumisión a la autoridad de **Dios**, sumisión a la verdad, sumisión a la responsabilidad. No como debilidad, sino como alineación.

James no necesitaba ganar debates culturales. Necesitaba responder delante de **Dios**. Porque una verdad se volvió imposible de ignorar: la responsabilidad no se hereda, no se delega, no se negocia. Se carga. Y cuando se carga con fidelidad, estabiliza lo que es frágil. La masculinidad estaba en juicio, pero quizá no de la manera en que él pensaba. No era la cultura la que interrogaba al hombre; era la historia, era la consecuencia, era el resultado generacional.

Era la pregunta silenciosa: ¿Vas a mantenerte firme? No con ruido, no con ira, sino con firmeza. Y mientras más James reflexionaba sobre esa pregunta, más entendía algo inquietante: el juicio no era externo. Era interno. Y el veredicto se escribiría en la estabilidad de la próxima generación.

Capítulo 2: El Peso De las Expectativas

Capítulo 2: El Peso de las Expectativas

James siempre había creído que, si trabajaba lo suficiente, hacía lo correcto y trataba bien a las personas, la vida eventualmente tendría sentido. Esa creencia lo había acompañado durante la escuela, en sus primeros trabajos y en los primeros años de la adultez. La responsabilidad parecía simple entonces: trabajas, mejoras, respetas a los demás, cumples tus compromisos y, si seguías esos principios el tiempo suficiente, la estabilidad llegaría. Pero en algún punto del camino, algo cambió. Las expectativas que recaían sobre él comenzaron a sentirse menos como una guía y más como una contradicción. El mundo no solo esperaba que los hombres crecieran; esperaba que se transformaran constantemente, a veces en versiones de sí mismos que parecían incompatibles entre sí.

James notó esta tensión primero en conversaciones pequeñas: comentarios casuales, opiniones de compañeros de trabajo, publicaciones en redes sociales que parecían inofensivas a simple vista, pero que escondían acusaciones sutiles debajo de la superficie. A los hombres se les decía que debían ser más fuertes, pero también más sensibles; que debían liderar, pero sin parecer autoritarios; que debían proveer, pero sin permitir que el trabajo definiera su identidad; que debían expresar sus emociones, pero nunca ser emocionalmente inestables; que debían ser seguros de sí mismos, pero no intimidantes; que debían proteger, pero nunca ser agresivos. Cada expectativa parecía razonable por sí sola, pero juntas creaban algo imposible. Un hombre no podía encarnar todas esas demandas simultáneamente sin eventualmente fracturarse bajo la presión.

James no resentía las expectativas. En muchos sentidos, creía que eran necesarias. Una sociedad sin expectativas rápidamente se disuelve en el caos. Los estándares forman el carácter; la responsabilidad forma la madurez. Pero las expectativas deben ser coherentes. Cuando las expectativas se contradicen, la responsabilidad se vuelve confusa, y la confusión debilita al hombre. James notó que muchos hombres a su alrededor respondían a esta confusión de una de dos maneras. Algunos se inclinaban hacia la agresión. Si la masculinidad era constantemente criticada, ellos respondían duplicando la fuerza. Se volvían más ruidosos, más confrontativos, más desafiantes. Rechazaban completamente la crítica cultural y adoptaban una versión endurecida de la masculinidad, basada en la dominación más que en la disciplina. Pero la agresión no traía claridad; solo generaba más resistencia.

Otros hombres respondían en la dirección opuesta. Se retiraban. Dejaban de liderar conversaciones, dejaban de expresar opiniones firmes, evitaban responsabilidades que pudieran atraer críticas. Aprendían a moverse en silencio por la vida, cuidando no parecer demasiado seguros o demasiado firmes. Cambiaban convicción por seguridad. Pero el retraimiento tampoco traía claridad; solo producía pasividad. James observaba ambas respuestas y no se sentía satisfecho con ninguna. La agresión era reactiva. La pasividad era deshonesta.

Ninguna representaba la firmeza constante que él, en lo profundo, creía que la masculinidad debía encarnar.

Mientras más reflexionaba, más comprendía que el problema quizás no era la masculinidad en sí. El problema era que la masculinidad había perdido su definición. Durante generaciones, las sociedades entendían que los hombres cargaban ciertas responsabilidades: protegían, construían, proveían, lideraban a sus familias y cargaban con las consecuencias de sus decisiones. Estas responsabilidades no siempre se cumplían perfectamente; la historia está llena de ejemplos de hombres que abusaron de su autoridad o descuidaron sus deberes. Pero las responsabilidades en sí eran claras.

En la cultura occidental moderna, esas responsabilidades no han desaparecido; se han vuelto ambiguas. Todavía se espera que los hombres protejan a sus familias, pero la protección muchas veces se presenta como innecesaria o controladora. Todavía se espera que provean estabilidad financiera, pero la ambición a veces es criticada como algo poco saludable. Todavía se espera que lideren dentro de la estructura familiar, pero el liderazgo frecuentemente se interpreta como dominación. El rol permanece, pero el lenguaje cambió, y ese cambio produjo incertidumbre.

James comenzó a notar el impacto psicológico sutil que esta incertidumbre tenía en los hombres a su alrededor. Algunos dudaban en tomar iniciativa en sus relaciones por miedo a parecer controladores. Otros tenían dificultad para disciplinar a sus hijos por miedo a parecer duros. Algunos evitaban compromisos a largo plazo porque no tenían claridad sobre lo que realmente se esperaría de ellos dentro del matrimonio. En muchos casos, los hombres no estaban rechazando la responsabilidad; no sabían cómo cargarla. Y la incertidumbre erosiona la confianza.

James comenzó a ver cómo esta incertidumbre se extendía por comunidades enteras. Muchos jóvenes entrando en la adultez carecían de modelos claros de lo que significa una masculinidad responsable. Algunos crecieron sin figuras paternas consistentes; otros tuvieron padres presentes físicamente, pero distantes emocionalmente. Algunos aprendieron disciplina a través de la dificultad; otros aprendieron evasión a través de la inestabilidad. Pero muy pocos aprendieron responsabilidad estructurada mediante una guía clara. El resultado fue una generación de hombres intentando construir su identidad a partir de fragmentos.

Algunos fragmentos provenían de figuras en redes sociales que promovían versiones exageradas de la masculinidad basadas en riqueza, estatus y dominación. Otros fragmentos venían de mensajes culturales que impulsaban a los hombres a suavizar sus ambiciones y evitar cualquier forma de firmeza. Ningún extremo ofrecía un modelo sostenible. James a menudo se preguntaba qué se suponía que debía hacer un hombre joven con una guía tan contradictoria. Un hombre que entra en la adultez hoy puede escuchar dos mensajes completamente opuestos en la misma semana: una voz le dice que debe volverse poderoso, rico, dominante e intocable; otra voz le dice que la masculinidad en sí es el problema y que la fuerza debe ser constantemente contenida o disculpada. Ambos mensajes distorsionan la realidad. El poder sin disciplina se convierte en tiranía, pero la fuerza sin responsabilidad se convierte en debilidad. La masculinidad no puede sobrevivir en ninguno de los dos extremos.

James comprendió que el problema no era que existieran expectativas; el problema era que las expectativas habían perdido su jerarquía. En generaciones anteriores, las responsabilidades estaban ordenadas. La primera responsabilidad de un hombre era su alineación con **Dios**. La segunda era el cuidado de su familia. La tercera era su contribución a la comunidad. Sus ambiciones, logros y reputación venían después. Ese orden proporcionaba estabilidad. Cuando las prioridades se disuelven, las expectativas se multiplican. El hombre comienza a perseguir aprobación en lugar de cumplir con su asignación.

James podía ver lo fácil que era caer en esa trampa. La aprobación se siente bien; la responsabilidad pesa. Pero la aprobación no sostiene una vida. La responsabilidad sí. Mientras más observaba la confusión alrededor de la masculinidad, más comprendía algo inquietante: muchas de las presiones que los hombres sentían no provenían de enemigos, sino de la misma cultura. Una cultura incómoda con la autoridad, pero dependiente de la responsabilidad. Una cultura que cuestiona el liderazgo, pero necesita estabilidad. Una cultura que critica la masculinidad, mientras depende de sus resultados. Se espera que los hombres carguen peso, pero rara vez se les enseña cómo hacerlo.

James comenzó a examinar su propia vida con mayor profundidad. ¿Había permitido que las expectativas lo moldearan sin cuestionar su origen? ¿Había ajustado su comportamiento simplemente para evitar críticas? ¿Había evitado ciertas responsabilidades porque el entorno cultural las hacía inciertas? Estas preguntas eran incómodas, pero necesarias. Porque si la masculinidad se forma a partir de opiniones culturales cambiantes en lugar de convicciones firmes, entonces la inestabilidad solo continuará creciendo.

Un hombre no puede construir estabilidad sobre una base que cambia cada año; debe construir sobre algo permanente. James comenzaba a sospechar que la crisis más profunda que enfrentan los hombres no es la crítica, sino la confusión. La crítica puede enfrentarse; la confusión no. Cuando un hombre entiende claramente sus responsabilidades, la crítica pierde poder. Puede ser cuestionado, puede ser malinterpretado, pero permanece firme porque su fundamento no depende de la aprobación. Pero cuando la responsabilidad misma se vuelve difusa, incluso los hombres seguros comienzan a dudar.

James empezaba a comprender que la masculinidad no necesitaba defensores más ruidosos; necesitaba una estructura más clara. Y la estructura siempre comienza con prioridades. El mundo puede debatir indefinidamente sobre cómo debería verse la masculinidad, pero James comprendía que la pregunta más importante era más simple: ¿de qué es responsable un hombre? Hasta que esa pregunta no se responda con claridad, el peso de la expectativa seguirá aplastando a hombres que intentan cargar responsabilidades sin saber cuáles realmente importan.

Y cuando la responsabilidad se vuelve confusa, algo más llena el vacío: la opinión. Y la opinión cultural cambia constantemente; la responsabilidad no. James percibía que si los hombres redescubrían el orden correcto de la responsabilidad, gran parte de la confusión alrededor de la masculinidad comenzaría a desaparecer. No porque la cultura comenzaría a aprobar el liderazgo masculino, sino porque la aprobación dejaría de ser la medida. La medida sería la fidelidad. Y la fidelidad no necesita aplausos; necesita claridad.

James aún no tenía todas las respuestas, pero comenzaba a ver el contorno del problema. Los hombres no están colapsando porque sean incapaces; están colapsando porque intentan cargar expectativas que no tienen un orden claro. Y sin orden, incluso la fuerza se vuelve inestable. La pregunta que ahora enfrentaba James no era si la masculinidad aún importaba —eso era evidente—, sino si los hombres redescubrirían las prioridades que le dan estructura a la masculinidad. Porque sin estructura, la expectativa se convierte en peso, y el peso sin propósito termina quebrando al hombre que lo carga.

Capítulo 3: El Colapso Silencioso

Capítulo 3: El Colapso Silencioso

El colapso no comenzó con una explosión. Comenzó con silencio. James lo notó lentamente, como un hombre que percibe el leve crujido de una estructura mucho antes de que las vigas finalmente se quiebren. Al principio no ocurrió nada dramático. No había señales evidentes de advertencia ni momentos que exigieran atención inmediata. En su lugar, hubo una retirada gradual. Los hombres a su alrededor dejaron de hablar de ciertas cosas. Dejaron de expresar esperanzas a largo plazo. Dejaron de hablar del matrimonio con confianza. Dejaron de imaginarse como padres. Algunos dejaron de salir con mujeres por completo. Otros seguían presentes físicamente, pero parecían emocionalmente distantes, como observadores dentro de sus propias vidas. Era lo suficientemente sutil como para que muchos lo ignoraran. Pero James no pudo, porque el silencio se estaba propagando.

Al principio lo notó entre hombres jóvenes que entraban en la adultez. Las conversaciones sobre relaciones llevaban un tono de cautela que no existía en generaciones anteriores. El compromiso se sentía riesgoso. La responsabilidad se sentía incierta. El camino hacia adelante parecía poco claro. Algunos hombres respondían retrasándolo todo. El matrimonio podía esperar. Los hijos podían esperar. El liderazgo podía esperar. La lógica parecía práctica al principio. Muchos creían que simplemente estaban siendo cautelosos o estratégicos. Querían estabilidad antes de asumir grandes compromisos. Querían claridad antes de cargar responsabilidad. Pero el retraso tiene consecuencias. Mientras más tiempo un hombre pospone la responsabilidad, más fácil se vuelve evitarla por completo.

James notó otro patrón emergiendo bajo la superficie. Muchos hombres no solo estaban retrasando la responsabilidad. Se estaban adormeciendo. El trabajo ofrecía una forma de escape. Horas interminables persiguiendo logros profesionales permitían a los hombres evitar las preguntas incómodas sobre su vida personal. Otros recurrían a distracciones digitales. El entretenimiento estaba disponible en todo momento. Un hombre podía llenar cada noche con series, videojuegos, foros en línea y un desplazamiento infinito en redes sociales que no requería ninguna inversión emocional. Siempre había algo que ver. Siempre algo que tocar. Siempre algo que consumir. Y poco a poco, el consumo reemplazó a la construcción.

James comprendió que muchos hombres no estaban colapsando externamente. Estaban colapsando internamente. Seguían funcionando en la vida diaria. Tenían trabajos. Mantenían amistades. Participaban en entornos sociales. Pero internamente, algo había cambiado. El sentido de propósito que antes sostenía la identidad masculina comenzaba a desvanecerse. Los hombres seguían avanzando, pero ya no estaban construyendo.

James tenía varios amigos que reflejaban este cambio silencioso. Uno de ellos había hablado con entusiasmo sobre formar una familia. En sus veinte años, hablaba de criar hijos, comprar una casa, construir algo significativo. Pero con el paso del tiempo, ese entusiasmo desapareció. Ya no mencionaba esos sueños. En su lugar, sus conversaciones giraban en torno a placeres temporales: entretenimiento de fin de semana, viajes, pasatiempos costosos que ofrecían satisfacción momentánea, pero ninguna dirección a largo plazo. Otro amigo había pasado por una ruptura dolorosa que lo dejó desconfiado de las relaciones. En lugar de enfrentar el daño emocional, se refugió en la autosuficiencia. Insistía en que no necesitaba a nadie. Se convenció de que la independencia era libertad. Pero James podía ver la soledad debajo de la superficie. La independencia sin conexión eventualmente se convierte en aislamiento. Y el aislamiento debilita al hombre.

James también notó una creciente dependencia de escapes privados de los que pocos hombres hablaban abiertamente. La era digital había creado un acceso sin precedentes a la estimulación, la distracción y la imagen sexual. La pornografía, que antes estaba oculta detrás de revistas o lugares lejanos, ahora vivía silenciosamente en cada teléfono. Muchos hombres se convencían de que era inofensiva, privada y sin víctimas. Pero James percibía algo más profundo. La pornografía no solo estimula el deseo. Reconfigura la expectativa. Entrena al hombre a perseguir fantasía en lugar de intimidad. Reemplaza el esfuerzo con gratificación inmediata.

Ofrece una falsa sensación de control mientras erosiona silenciosamente la disciplina. Y como opera en secreto, refuerza el aislamiento. El hombre que depende de la estimulación digital comienza a retirarse de la vulnerabilidad que requieren las relaciones reales.

James veía lo fácil que era caer en este patrón. No porque los hombres fueran monstruos inmorales, sino porque estaban cansados. Cansados de la incertidumbre. Cansados de las expectativas contradictorias. Cansados de intentar navegar relaciones que se sentían cada vez más complejas. Escapar era más fácil. Pero el escape nunca resuelve el problema. Solo retrasa el momento en que la responsabilidad debe ser enfrentada.

James comenzó a entender que la crisis que enfrentan los hombres no es solo crítica cultural o conflicto ideológico. Es una desconexión silenciosa. Los hombres están alejándose lentamente de las responsabilidades que una vez definieron su rol en la sociedad. No siempre de forma consciente. No siempre de forma intencional. Pero de manera constante. Y la desconexión tiene consecuencias. Cuando los hombres se alejan de la responsabilidad, las familias se vuelven frágiles. Cuando se alejan del liderazgo, los hijos pierden estructura. Cuando se alejan del compromiso, las relaciones se vuelven inestables.

Las estadísticas que James había visto antes ahora se sentían personales. Las altas tasas de suicidio masculino. El aumento de hombres viviendo solos. La edad creciente en la que los hombres se casan, si es que lo hacen. No eran tendencias abstractas. Eran reflejos de decisiones humanas. James comenzó a hacerse preguntas incómodas. ¿También había participado en este retiro silencioso? ¿Había permitido que la confusión justificara su indecisión? ¿Había usado la incertidumbre cultural como excusa para posponer la responsabilidad? Estas preguntas lo obligaron a examinar sus propios hábitos con honestidad. Era fácil identificar problemas culturales. Era más difícil confrontar la propia complacencia.

James entendió que el colapso silencioso de la masculinidad no comenzó con movimientos ideológicos ni debates políticos. Comenzó con pequeñas concesiones. Un hombre elige distracción en lugar de disciplina. Elige comodidad en lugar de responsabilidad. Elige placer momentáneo en lugar de propósito a largo plazo. Cada elección parece inofensiva por sí sola, pero con el tiempo se acumulan. Y eventualmente, el hombre que alguna vez quiso construir algo significativo se encuentra flotando en la vida sin dirección.

James reconoció que esta deriva no siempre es dramática. Muchos hombres que están a la deriva parecen exitosos externamente. Tienen carreras. Tienen casas. Tienen vida social. Pero internamente, muchos se sienten desconectados de un propósito más profundo. El éxito sin propósito se vuelve vacío. Un hombre puede lograr estabilidad financiera y aun así sentirse perdido. Puede acumular posesiones y aun así sentirse aislado. Puede experimentar placer sin experimentar plenitud.

James comenzó a entender que la plenitud masculina requiere algo más profundo que el éxito personal. Requiere responsabilidad. La responsabilidad ancla la identidad. Obliga al hombre a pensar más allá de sí mismo. Exige sacrificio. Y el sacrificio crea significado. Sin responsabilidad, el hombre eventualmente comienza a sentirse innecesario. Y cuando un hombre cree que es innecesario, la desesperación suele seguir.

Esta conexión entre responsabilidad y salud emocional se reflejaba en los estudios que James había visto. Los hombres casados, involucrados en su familia y conectados a comunidades estables, tienden a mostrar tasas más bajas de suicidio y angustia psicológica. No porque el matrimonio elimine el sufrimiento, sino porque la responsabilidad crea conexión. Un esposo responde ante su esposa. Un padre responde ante sus hijos. Un hombre comprometido con su comunidad responde ante quienes dependen de él. La responsabilidad crea pertenencia. La pertenencia crea resiliencia.

James comenzó a ver que el colapso silencioso que había estado observando era, en esencia, un colapso de la responsabilidad. Los hombres no estaban desapareciendo físicamente de la sociedad. Pero muchos estaban abandonando los roles que daban sentido a sus vidas. Y cuando la responsabilidad desaparece, la identidad se debilita.

El mundo muchas veces interpreta este retiro de forma incorrecta. Algunos creen que los hombres rechazan la responsabilidad por egoísmo o pereza. Otros piensan que simplemente se están adaptando a los cambios culturales. Pero James percibía algo más profundo. Muchos hombres no están rechazando la responsabilidad. No saben cómo cargarla. Y la responsabilidad requiere claridad. Un hombre debe saber de qué es responsable antes de poder asumir ese peso con convicción. Y la claridad se ha vuelto cada vez más escasa.

James comenzaba a ver que la crisis de la masculinidad no era solo hostilidad cultural. Era pérdida de estructura. Los hombres habían perdido la jerarquía que guiaba sus responsabilidades. Sin esa jerarquía, intentaban navegar la adultez por ensayo y error. Algunos lo lograban. Muchos se perdían. Pero perderse siempre tiene un costo.

Mientras más reflexionaba sobre estos patrones, más entendía que el colapso silencioso no era inevitable. Era reversible. Pero revertirlo requería algo difícil. Los hombres tendrían que reclamar la responsabilidad de manera intencional. No porque la cultura lo exigiera, sino porque es correcto. La responsabilidad rara vez es popular. Rara vez es celebrada. A menudo exige sacrificio sin recompensa inmediata. Pero es el fundamento sobre el cual se construyen familias estables, comunidades estables y civilizaciones estables.

James comprendió que la masculinidad no puede reconstruirse con frases o discursos motivacionales. Debe reconstruirse con disciplina. Un hombre a la vez. Una responsabilidad a la vez. Una decisión a la vez. El colapso silencioso ocurrió gradualmente. Su restauración requerirá la misma paciencia. Pero toda restauración comienza con una decisión simple. Un hombre decide mantenerse firme. No porque alguien lo aplauda. No porque la cultura lo afirme. Sino porque la responsabilidad lo exige. Y cuando un hombre elige la responsabilidad, el silencio deja de definirlo. El propósito lo hace.

Capítulo 4: La Herida Del Padre

Capítulo 4: La Herida del Padre

Todo hombre carga una historia sobre su padre. Algunos cargan historias de admiración. Otros cargan historias de silencio. Algunos recuerdan guía, disciplina y protección. Otros recuerdan ausencia, confusión o dolor. Pero, haya estado presente o no, todo hombre es moldeado por el espacio que su padre ocupó —o dejó de ocupar— en su vida.

James no comprendió completamente la influencia que su padre tuvo sobre él hasta mucho más adelante en su vida. De niño, rara vez lo cuestionaba. Los niños casi nunca lo hacen. El mundo que heredan simplemente se vuelve normal. James recuerda fragmentos de su infancia más que escenas completas. El sonido de discusiones en la casa. La tensión que llenaba el ambiente antes de que las voces se elevaran. La manera en que los adultos hablaban en voz baja cuando creían que él no estaba escuchando.

Su padre luchaba con la adicción. En ese momento, James no entendía completamente lo que significaba la adicción. Solo sabía que algunas noches eran impredecibles. Algunas noches eran inestables. Algunas noches terminaban con su madre llorando en silencio después de que la casa volvía a quedarse en calma. Había momentos en los que la ira estallaba de repente. Momentos en los que el control desaparecía. Momentos en los que el miedo reemplazaba la sensación de seguridad que un niño debería sentir dentro de su propio hogar. James observaba esos momentos desde la perspectiva de un niño que aún no tenía el lenguaje para explicar lo que estaba viendo. Solo sabía que algo no estaba bien.

Los niños absorben más de lo que los adultos imaginan. Observan con atención. Escuchan con cuidado. Y mucho antes de poder expresar lo que están viendo, comienzan a formar conclusiones sobre el mundo. James comenzó a formar conclusiones silenciosas sobre lo que significaba ser hombre. Algunas de esas conclusiones fueron reacciones. Se prometió a sí mismo que nunca trataría a una mujer como había visto que trataban a su madre. Se prometió que la ira nunca lo controlaría como había controlado al hombre que debía guiarlo.

En muchos sentidos, esas promesas lo moldearon de manera positiva. Pero también dejaron vacíos. Porque rechazar un modelo roto no crea automáticamente uno sano. Un niño que aprende lo que no debe ser aún debe descubrir en qué debe convertirse. Y ese descubrimiento no siempre es fácil.

James creció con determinación. Estaba impulsado a demostrar que su vida no seguiría el mismo camino que había visto en su infancia. La disciplina se convirtió en una forma de resistencia contra el caos que recordaba. La responsabilidad se convirtió en su escudo. Si trabajaba más duro, se comportaba mejor y evitaba hábitos destructivos, quizás podría romper el patrón que había visto en su hogar.

Por un tiempo, ese enfoque funcionó. James construyó estabilidad en áreas de su vida que antes habían sido frágiles. Buscó educación. Desarrolló disciplina profesional. Se rodeó de amigos que valoraban la responsabilidad. Desde afuera, su vida parecía estable. Pero internamente, algunas preguntas seguían sin resolverse. ¿Cómo se ve realmente una masculinidad saludable? Había visto la versión destructiva. La había rechazado. Pero el rechazo por sí solo no proporciona un modelo.

De vez en cuando, James se encontraba con hombres mayores que parecían encarnar un tipo diferente de fortaleza. Hombres que hablaban con calma. Hombres que ejercían autoridad sin intimidar. Hombres que lideraban sus familias con firmeza en lugar de inestabilidad. Cuando James encontraba hombres así, sentía admiración y curiosidad al mismo tiempo. ¿Cómo llegaron a ser así? ¿Quién les enseñó? Porque sabía algo importante: ese tipo de fortaleza no aparece por accidente. Se forma en algún lugar.

Muchos hombres reciben esa formación a través de sus padres. Aprenden responsabilidad observando. Aprenden disciplina mediante corrección. Aprenden liderazgo a través del ejemplo. Pero cuando un padre no provee esa estructura, el hijo debe buscarla en otro lugar. James se dio cuenta de que gran parte de su vida adulta había sido moldeada por esa búsqueda. Buscó en libros. Buscó en mentores. Buscó en líderes espirituales. Buscó en conversaciones con hombres mayores que parecían poseer la estabilidad que él admiraba. Cada encuentro le ofrecía piezas del rompecabezas. Pero la ausencia de una guía constante por parte de su padre dejó ciertas preguntas abiertas por más tiempo del que deberían.

Con el tiempo, James comenzó a notar algo sorprendente. Muchos hombres a su alrededor cargaban heridas similares. Algunos tenían padres físicamente ausentes. Otros tenían padres presentes, pero emocionalmente distantes. Algunos tenían padres amables, pero pasivos. Otros tenían padres duros, pero inconsistentes. Muy pocos describían infancias marcadas por autoridad y compasión al mismo tiempo. La autoridad sin compasión crea miedo. La compasión sin autoridad crea inestabilidad. Pero la combinación de ambas crea algo poderoso. Crea confianza. Un hijo que confía en su padre aprende a confiar en la estructura que ese padre establece. Sin esa confianza, la estructura se siente incierta.

James vio cómo la herida del padre se repetía a través de generaciones. Un hombre que crece sin una guía clara lucha por ofrecerla a sus propios hijos. No porque le falte amor, sino porque le falta un modelo. El patrón se repite en silencio. Una generación se pierde. La siguiente busca. Y la búsqueda continúa.

James se negó a permitir que ese patrón continuara indefinidamente. Pero romper patrones generacionales requiere más que determinación. Requiere humildad. Un hombre debe reconocer las heridas que carga antes de poder sanarlas. Durante muchos años, James prefirió evitar esas reflexiones. Era más fácil enfocarse en construir su vida que regresar a recuerdos dolorosos de la infancia. Pero evitar no elimina las heridas. Solo las oculta.

Con el tiempo, James reconoció que la inestabilidad que había presenciado de niño había dejado marcas más profundas de lo que quería admitir. Su cautela en las relaciones. Sus dudas frente a la vulnerabilidad. Su fuerte necesidad de control sobre su entorno. Estas tendencias no eran casualidad. Eran respuestas a la inestabilidad que había vivido en sus primeros años.

Reconocer esa realidad no lo llevó a la ira contra su padre. Si acaso, produjo algo inesperado: compasión. La adicción había consumido al hombre que debía guiarlo. Esa realidad no justificaba el daño, pero revelaba algo trágico sobre la debilidad humana. James comenzó a ver a su padre no solo como la fuente de su dolor infantil, sino como un hombre que había perdido el control de su propia vida. Los hombres rotos suelen romper a otros. No intencionalmente. Pero inevitablemente.

Esta comprensión cambió su perspectiva. La culpa puede explicar el pasado. Pero no puede construir el futuro. La responsabilidad sí. James comenzó a hacerse una nueva pregunta: si la estructura que necesitaba no le fue dada, ¿podía construirla de todos modos? La respuesta determinaría el rumbo del resto de su vida. Porque todo hombre enfrenta un momento en el que debe elegir entre repetir los patrones heredados o redefinirlos.

James eligió redefinirlos. No porque fuera fácil, sino porque la alternativa era inaceptable. Entendía que su futura familia —si **Dios** le concedía tener una— dependería de las decisiones que tomara en el presente. Sus hijos no necesitarían un padre perfecto. Pero sí necesitarían uno responsable. Un padre que asuma su responsabilidad. Un padre que viva con disciplina. Un padre que lidere con firmeza en lugar de inestabilidad.

James no podía reescribir su infancia. Pero sí podía reescribir el patrón. Y reescribir patrones requiere valentía. Requiere que un hombre enfrente su pasado con honestidad, sin permitir que ese pasado dicte su futuro. James sabía que sanar la herida del padre no ocurriría de la noche a la mañana. Ocurriría a través de decisiones constantes. A través de disciplina. A través de humildad. A través de fe. Y, sobre todo, a través de responsabilidad. Porque la responsabilidad transforma las heridas en propósito.

El dolor de la infancia de James le enseñó algo valioso. La ausencia de una masculinidad responsable deja cicatrices profundas. Pero la presencia de una masculinidad responsable puede sanar generaciones. James alguna vez creyó que la historia de su padre lo definía. Ahora entendía algo más poderoso. La historia de su padre solo fue el comienzo. Lo que realmente importa es la historia que él decide escribir a partir de ahora.

Capítulo 5: La Trampa Del Rendimiento

Capítulo 5: La Trampa del Rendimiento

James había pasado años tratando de entender qué significaba convertirse en hombre. Al principio, creía que la respuesta era simple: trabajar duro, mantener la disciplina, evitar los hábitos destructivos que había visto en su infancia y construir algo mejor. Durante un tiempo, eso pareció suficiente. Pero a medida que James observaba el mundo con más atención, comenzó a notar algo extraño. La masculinidad se había convertido en un espectáculo. No en todos los lugares ni para todos los hombres, pero cada vez más, la conversación pública sobre la hombría se sentía menos como una búsqueda de carácter y más como una competencia de apariencias.

La fuerza se mostraba en lugar de desarrollarse. La confianza se proyectaba en lugar de cultivarse. El éxito se anunciaba en lugar de ganarse. El mundo digital amplificó este fenómeno. A través de las redes sociales, un hombre podía construir una identidad que parecía poderosa sin cargar las responsabilidades que tradicionalmente definían la fortaleza masculina. Podía publicar imágenes de autos de lujo, mostrar relojes costosos y hablar con seguridad sobre dominio, poder e influencia. Pero nada de eso necesariamente requería disciplina, sacrificio o responsabilidad.

James notó cómo muchos hombres jóvenes estaban absorbiendo estos mensajes. En los espacios digitales, la masculinidad a menudo se reducía a riqueza, estatus, dominio físico o conquista sexual. Los hombres que hablaban más fuerte sobre fortaleza solían definirla en términos de control e independencia. Predicaban una versión de la masculinidad que celebraba el poder, pero rara vez mencionaba la responsabilidad. A primera vista, esas voces parecían atractivas. Prometían claridad, autoridad y confianza. Pero mientras más escuchaba James, más percibía que algo faltaba. La responsabilidad rara vez se discutía. El compromiso rara vez se valoraba. El sacrificio rara vez se honraba.

Los hombres que dominaban estas conversaciones hablaban como si la masculinidad existiera principalmente para elevar al individuo. Pero históricamente, la fortaleza masculina siempre ha estado ligada a algo más grande que el individuo. La fuerza de un hombre existe para servir, para proteger, para construir, para estabilizar y para cargar el peso del cual otros dependen. James comprendió que la masculinidad como espectáculo requiere muy poco sacrificio, mientras que la masculinidad real requiere mucho.

Un hombre puede aparentar poder en internet, pero aparentar no requiere disciplina, humildad ni responsabilidad. Y es precisamente en la responsabilidad donde el espectáculo se derrumba. James había conocido hombres que parecían impresionantes a primera vista. Hablaban con seguridad sobre éxito y ambición. Se presentaban como líderes. Pero cuando la conversación giraba hacia la responsabilidad —hacia la familia, el compromiso y el sacrificio— el tono cambiaba. Algunos evitaban el tema por completo. Otros trataban la responsabilidad como una carga, en lugar de una misión.

James comenzó a ver lo fácil que era para los hombres caer en este ciclo de apariencia. La aprobación se siente poderosa. El reconocimiento se siente gratificante. La atención que viene con proyectar fortaleza puede ser adictiva. Pero la apariencia no sostiene una vida. Eventualmente, todo hombre enfrenta momentos en los que aparentar ya no es suficiente. Momentos donde aparece la verdadera responsabilidad: un matrimonio, un hijo, una crisis financiera, una decisión moral o un fracaso que no puede ocultarse. En esos momentos, un hombre no puede depender de las apariencias. Debe depender de su carácter. Y el carácter no se actúa; se forma.

James entendió que uno de los mayores peligros para los hombres modernos no es solo la crítica cultural, sino la tentación de reemplazar el carácter por la imagen. La imagen ofrece validación rápida, pero el carácter requiere años de disciplina. La imagen puede construirse al instante, pero el carácter se construye lentamente. La imagen está diseñada para una audiencia; el carácter existe incluso cuando nadie está mirando.

Mientras más reflexionaba sobre estas diferencias, más se daba cuenta de cuántos hombres habían comenzado, sin darse cuenta, a perseguir la imagen. Incluso hombres buenos. Incluso hombres responsables. La presión por parecer exitoso había crecido intensamente. Las redes sociales permiten a cada persona mostrar versiones cuidadosamente seleccionadas de su vida. El éxito puede fotografiarse. La confianza puede exagerarse. Las luchas pueden ocultarse. Y cuando cada hombre está constantemente expuesto al aparente éxito de otros, la comparación se vuelve inevitable.

La comparación genera inseguridad, y la inseguridad lleva a la actuación. Un hombre comienza a moldear su identidad basándose en cómo cree que otros lo perciben, en lugar de en lo que sabe que es correcto. James había experimentado esa presión. Recordaba momentos en los que consideró ajustar su comportamiento solo para encajar en ciertas expectativas. Momentos en los que el deseo de parecer competente o seguro lo tentó a ocultar su incertidumbre.

Pero con el tiempo comprendió algo importante. Los hombres que más respetaba no eran actores. Eran constructores. No gastaban energía tratando de convencer a otros de su fortaleza. Invertían su energía en cumplir con sus responsabilidades. Su confianza no venía de la aprobación. Venía de la alineación: alineación con sus valores, con sus compromisos y con su fe.

James comenzó a observar a estos hombres con más atención. Rara vez hablaban de la masculinidad como un concepto abstracto. La demostraban en su comportamiento diario. Cumplían sus promesas. Estaban presentes cuando otros dependían de ellos. Aceptaban corrección sin ponerse a la defensiva. Lideraban a sus familias con humildad y firmeza. No necesitaban anunciar su fortaleza. Su constancia la revelaba.

James entendió que la verdadera masculinidad era más silenciosa que las actuaciones que veía en línea. No buscaba atención. Buscaba responsabilidad. No perseguía admiración. Perseguía fidelidad. Un hombre mayor que James respetaba le dijo una vez algo que nunca olvidó: "Cualquiera puede hablar de fortaleza. Muy pocos están dispuestos a cargar las responsabilidades que la prueban." Esa frase obligó a James a replantearse toda la conversación sobre la masculinidad.

La fortaleza no se mide por cuán dominante parece un hombre. Se mide por cuánta responsabilidad está dispuesto a cargar. La responsabilidad expone al hombre. Revela si su disciplina es real. Revela si sus convicciones son firmes. Revela si su liderazgo está basado en humildad o en ego. La trampa del desempeño permite a los hombres parecer fuertes sin ser probados por la responsabilidad. Pero la responsabilidad siempre llega. Siempre.

James sabía que si la masculinidad iba a ser restaurada en su generación, los hombres tendrían que rechazar completamente esta trampa. Tendrían que elegir disciplina sobre imagen, carácter sobre atención y responsabilidad sobre aprobación. Esta elección no es llamativa. No atraerá aplausos. Pero produce algo mucho más valioso: estabilidad. Y la estabilidad es lo que necesitan las familias, lo que necesitan las comunidades y lo que dependen las futuras generaciones.

James comenzó a ver que la masculinidad no se trata principalmente de afirmar poder. Se trata de cargar peso. Un peso del cual otros dependen. Un peso que no puede abandonarse cuando las circunstancias se vuelven difíciles. Un peso que requiere humildad para ser llevado correctamente.

La trampa del desempeño ofrece una versión falsa de la masculinidad: una versión basada en apariencia, no en responsabilidad. Rechazar esa falsificación requiere valentía. Porque aparentar es cómodo. Ser responsable es exigente. Pero solo uno de los dos construye algo duradero.

James sabía qué camino quería seguir. Y aunque aún no comprendía completamente hacia dónde lo llevaría, sentía algo importante. La restauración de la masculinidad no comenzará con declaraciones ruidosas. Comenzará en silencio. Un hombre elige responsabilidad sobre imagen. Luego otro. Y otro más. Hasta que la cultura reconozca que la verdadera fortaleza ha regresado, no a través de la apariencia, sino a través de la fidelidad.

Capítulo 6: Hermandad o Aislamiento

Capítulo 6: Hermandad o Aislamiento

James había pasado muchos años tratando de entender la masculinidad observando el mundo a su alrededor. Vio a la cultura debatirla, vio a los hombres actuarla y vio a otros abandonarla. Pero algo comenzó a hacerse cada vez más evidente mientras prestaba atención: muchos hombres estaban intentando descifrar la vida solos. La comprensión no llegó de inmediato. Surgió lentamente a través de conversaciones, observación y los patrones silenciosos que James comenzó a notar en la vida de los hombres a su alrededor.

Los hombres rara vez hablaban con honestidad sobre sus luchas. Hablaban de deportes, del trabajo, bromeaban sobre relaciones, pero muy pocas conversaciones llegaban a las preguntas profundas: qué tipo de hombre estás llegando a ser, en qué estás fallando, de qué eres responsable, dónde necesitas corrección. Esas preguntas requieren vulnerabilidad, y la vulnerabilidad entre hombres se había vuelto escasa.

James entendió que la vida moderna había creado una paradoja extraña. Los hombres estaban más conectados digitalmente que cualquier generación en la historia, pero muchos estaban profundamente aislados. Los teléfonos permitían comunicación constante, las redes sociales creaban interacción infinita y las comunidades en línea permitían compartir opiniones con miles de desconocidos. Pero muy pocas de esas interacciones creaban una verdadera hermandad.

La hermandad requiere cercanía, responsabilidad mutua y una honestidad que no puede simularse a través de pantallas.

Históricamente, la formación masculina ocurría dentro de estructuras relacionales cercanas. Los padres formaban a los hijos, los hombres mayores guiaban a los más jóvenes, los artesanos enseñaban a los aprendices, los guerreros entrenaban junto a otros guerreros y los agricultores trabajaban la tierra juntos. Los hombres se afilaban unos a otros a través del trabajo compartido y la responsabilidad compartida. El aislamiento era raro porque la supervivencia misma requería cooperación.

Pero el mundo moderno ha desmantelado silenciosamente muchos de esos entornos. El trabajo se ha vuelto cada vez más individual, la tecnología permite realizar muchas tareas en solitario y el entretenimiento se ha vuelto privado en lugar de comunitario. Un hombre puede pasar toda una noche solo en su casa, sintiéndose conectado digitalmente con cientos de personas. Pero la conexión sin responsabilidad no produce crecimiento.

James también experimentó temporadas de ese aislamiento. Hubo años en los que creyó que podía desarrollarse como hombre únicamente a través de la disciplina personal: leer los libros correctos, trabajar duro, evitar hábitos destructivos y mejorar constantemente. Y en muchos sentidos, esos hábitos sí lo ayudaron a crecer. Pero la disciplina personal sin el afilamiento relacional eventualmente llega a un límite. Un hombre no puede ver todos los puntos ciegos de su propia vida.

James eventualmente se encontró con hombres que lo desafiaron directamente, no con dureza, sino con honestidad. Le hicieron preguntas que lo obligaban a reflexionar, notaron inconsistencias y señalaron áreas donde su forma de pensar necesitaba ajuste. Al principio, esas conversaciones eran incómodas. A ningún hombre le gusta ser corregido. Pero pronto James comprendió que esos momentos de afilamiento eran algunas de las experiencias más valiosas que había tenido.

La corrección de un hombre sabio no es humillación; es refinamiento. Uno de sus mentores tenía el hábito de hacer preguntas simples, pero difíciles de responder: "¿Por qué estás haciendo eso?", "¿Qué responsabilidad estás evitando?", "¿Estás buscando aprobación o alineación?". Estas preguntas obligaban a James a examinar motivos que de otra manera habría ignorado. Y poco a poco comenzó a ver algo con claridad: el aislamiento permite que un hombre crea sus propias excusas; la hermandad le quita ese privilegio.

Un buen hermano no te permite esconderte detrás de tus justificaciones. Las confronta, exige claridad y espera crecimiento. James entendió que muchos hombres evitan la hermandad precisamente por esta razón. La responsabilidad mutua es incómoda. El aislamiento ofrece libertad de corrección, pero esa libertad tiene un costo. Sin responsabilidad, la disciplina se debilita. Sin disciplina, la responsabilidad se vuelve negociable. Y sin responsabilidad, la masculinidad se pierde.

James comenzó a observar a los hombres que más admiraba. Casi todos tenían una fuerte hermandad en sus vidas. Estaban rodeados de hombres que los desafiaban espiritual, moral e intelectualmente. Oraban juntos, trabajaban juntos y hablaban abiertamente de sus fracasos y de su crecimiento. No había necesidad de aparentar. El respeto reemplazaba la competencia. El crecimiento reemplazaba la imagen.

James vio cuán diferentes eran estas relaciones de las amistades superficiales que muchos hombres mantenían. Las amistades superficiales evitan la tensión, mientras que la hermandad la abraza. Las amistades superficiales protegen la comodidad, mientras que la hermandad protege el carácter. Las amistades superficiales celebran el éxito, mientras que la hermandad corrige el fracaso.

Este tipo de afilamiento no siempre es agradable, pero es esencial. El antiguo proverbio que dice "El hierro con hierro se afila" describe perfectamente este proceso. Dos piezas de hierro chocando generan fricción. La fricción produce chispas, pero también produce filo. Sin ese proceso, la hoja se vuelve débil.

James comprendió que muchos hombres modernos se habían vuelto débiles, no porque les faltara potencial, sino porque les faltaba afilamiento. Sin hermandad, la disciplina se vuelve frágil. Sin hermandad, la tentación se fortalece. Sin hermandad, el hombre comienza a creer sus propias justificaciones.

James recordaba conversaciones con hombres que habían luchado en silencio durante años con hábitos que les avergonzaba mencionar: pornografía, adicción, amargura, ira, aislamiento. Muchos intentaron superar esas luchas solos, pero el secreto alimenta la debilidad. La confesión crea responsabilidad, y la responsabilidad produce cambio.

James vio de primera mano lo poderoso que era cuando los hombres hablaban con honestidad entre sí. Las barreras caían, las máscaras desaparecían, la actuación terminaba, y lo que quedaba era crecimiento real. La hermandad logra algo que el aislamiento no puede: le recuerda al hombre que no está solo en la batalla.

Todo hombre enfrenta luchas. Todo hombre carga debilidades. Todo hombre enfrenta momentos de responsabilidad. Pero cuando los hombres atraviesan esas luchas juntos, ocurre algo poderoso: la fuerza se multiplica.

James comenzó a ver la hermandad como uno de los elementos que faltaban en la restauración de la masculinidad. Los debates culturales continuarán, los conflictos ideológicos continuarán, pero si los hombres reconstruyen una hermandad genuina, muchas de las luchas individuales se vuelven más fáciles de vencer colectivamente.

La hermandad no elimina la responsabilidad; la fortalece. Un hombre rodeado de hermanos fuertes es mucho menos propenso a caer en la pasividad. Sabe que otros lo observan, lo animan, lo corrigen y esperan más de él.

James también entendió algo importante: la hermandad requiere humildad. Un hombre debe estar dispuesto a admitir que no tiene todas las respuestas. Debe estar dispuesto a recibir corrección. Debe estar dispuesto a escuchar. El orgullo aísla. La humildad construye hermandad.

James había pasado años tratando de volverse fuerte. Pero ahora comenzaba a entender que la verdadera fortaleza no significa estar solo. Significa estar junto a otros hombres que persiguen la misma responsabilidad, hombres que se niegan a dejar que el otro se desvíe, hombres que entienden que la masculinidad no se prueba con dominio, sino con fidelidad.

La restauración de la masculinidad no vendrá a través de héroes individuales. Vendrá a través de la hermandad: a través de hombres que se afilan unos a otros, que se recuerdan mutuamente sus responsabilidades y que se niegan a permitir que el silencio y el aislamiento definan sus vidas.

James sintió algo cambiar dentro de él al comprender esto. Durante años había visto la masculinidad como una búsqueda individual. Ahora entendía que también es una construcción colectiva. Ningún hombre construye una vida estable completamente solo, y los hombres que pretenden hacerlo suelen ser los que más están luchando en silencio.

James no sabía exactamente qué le depararía el futuro, pero sabía una cosa con claridad. Si la masculinidad iba a ser restaurada en su generación, los hombres tendrían que encontrarse nuevamente, no como competidores, sino como hermanos. Porque el aislamiento debilita al hombre. La hermandad lo fortalece. Y la fuerza compartida entre hermanos puede reconstruir lo que el aislamiento destruyó lentamente.

Capítulo 7: El Mito Del Balance

Capítulo 7: El Mito del Balance

Durante la mayor parte de su vida, James creyó que la clave para una vida exitosa era el balance. Era una palabra que escuchaba constantemente: balance entre trabajo y vida personal, balance emocional, balance financiero e incluso balance espiritual. El concepto parecía razonable en la superficie. Una vida balanceada sonaba estable, saludable y responsable. Y como muchas personas, James pasó años intentando alcanzarlo.

Intentó balancear el trabajo con la vida personal, la ambición con el descanso, la disciplina con el disfrute y la independencia con las relaciones. Pero mientras más perseguía el balance, más sentía que algo no encajaba. El balance, se dio cuenta, asume que todas las responsabilidades tienen el mismo peso. Pero la vida no funciona así. Algunas responsabilidades pesan más que otras. Algunas prioridades no se pueden negociar. Algunas decisiones requieren que un hombre sacrifique un área de su vida para proteger otra.

El balance, como comúnmente se describe, no toma en cuenta esas realidades. Sugiere que cada área de la vida debe recibir la misma atención, pero James sabía que eso era imposible. Cuando nace un hijo, el balance desaparece. Cuando una crisis golpea a la familia, el balance desaparece. Cuando la responsabilidad exige sacrificio, el balance desaparece. La vida no es balanceada. Está ordenada.

James no llegó a esta conclusión por filosofía, sino a través de la experiencia. Hubo temporadas en las que el trabajo exigía largas horas, temporadas en las que la familia requería toda su atención y temporadas en las que el crecimiento personal demandaba disciplina intensa. Intentar balancearlo todo por igual muchas veces significaba fallar en lo que realmente importaba.

Comenzó a sospechar que el lenguaje del balance era engañoso, no porque sonara incorrecto, sino porque ignoraba la realidad de las prioridades. Las prioridades reconocen que ciertas responsabilidades deben ir primero, y cuando algo debe ir primero, algo más tiene que esperar. Esta idea incomoda a muchas personas. La cultura moderna prefiere la flexibilidad, las opciones y la libertad de reorganizar prioridades según las circunstancias o preferencias personales. Pero James comenzaba a ver que una vida sin prioridades claras eventualmente se vuelve caótica.

Si todo importa por igual, nada realmente lidera. Y sin liderazgo, las responsabilidades se desordenan. James comenzó a notar cómo esta confusión afectaba a muchos hombres. Algunos intentaban ser todo al mismo tiempo: éxito profesional, relaciones perfectas, múltiples pasatiempos, buena condición física, amistades sólidas, crecimiento espiritual… y aun así querían proteger su tiempo personal. El esfuerzo era agotador. Eventualmente, algo tenía que ceder, y muchas veces eran las responsabilidades que más sacrificio requerían: la familia, la vida espiritual y los compromisos a largo plazo.

Estas áreas requieren paciencia, disciplina e inversión constante sin recompensa inmediata. En contraste, otras áreas de la vida ofrecían validación rápida. El crecimiento profesional traía reconocimiento, el entretenimiento traía placer y las redes sociales traían atención. Estas recompensas eran inmediatas, y cuando las prioridades no están claras, lo inmediato suele ganar.

James entendió que el balance muchas veces servía como excusa. Un hombre puede decir que está tratando de balancearlo todo cuando en realidad está evitando la difícil tarea de decidir qué es lo más importante. El balance permite postergar decisiones. Las prioridades obligan a tomarlas. Y las decisiones revelan el carácter.

James comenzó a pensar en los hombres que más respetaba. Ninguno vivía una vida perfectamente balanceada, pero todos vivían vidas ordenadas. Sabían qué iba primero. Su fe guiaba sus decisiones. Su familia moldeaba sus horarios. Sus responsabilidades influían sus ambiciones. Sus prioridades determinaban cómo usaban su tiempo. Todo lo demás se organizaba alrededor de esas prioridades.

Comenzó a ver cuán diferente era esto de la búsqueda cultural del balance. El balance intenta mantener todo igual. Las prioridades reconocen que algunas responsabilidades pesan más. Un hombre que entiende sus prioridades no se siente culpable cuando debe sacrificar ciertas oportunidades. Sabe lo que está protegiendo. Sabe lo que realmente importa.

Esta claridad elimina gran parte de la confusión que muchos hombres experimentan. James recordó una conversación con un mentor mayor que había vivido décadas de responsabilidad. El hombre escuchó con paciencia mientras James describía la presión que sentía intentando mantener balance en todas las áreas de su vida. Después de un momento de silencio, el mentor sonrió. "Estás persiguiendo la idea equivocada", dijo. James esperó su explicación. "La vida no es balance. Es prioridad."

La frase parecía simple, pero permaneció con James mucho tiempo después de esa conversación. Con el tiempo, comenzó a ver cuánto influía este principio en las vidas estables. Un hombre que prioriza su alineación espiritual construye sus decisiones sobre una base moral. Un hombre que prioriza su familia invierte donde realmente importa. Un hombre que prioriza la responsabilidad desarrolla disciplina. Un hombre que prioriza la aprobación termina siendo controlado por la opinión.

La diferencia entre esos caminos no es sutil. Define la dirección de toda una vida. James también entendió que las prioridades revelan los valores de un hombre más claramente que sus palabras. Un hombre puede hablar con pasión sobre lo que cree, pero sus prioridades revelan lo que realmente honra.

El tiempo revela prioridades. El sacrificio revela prioridades. La consistencia revela prioridades.

James comenzó a examinar su propia vida desde esta perspectiva. ¿Dónde había colocado sus prioridades? ¿Había permitido que la comodidad superara la disciplina? ¿Había permitido que la distracción superara la responsabilidad? ¿Había permitido que la percepción pública influyera decisiones que debían ser guiadas por convicción?

Estas preguntas lo obligaron a enfrentar verdades incómodas. Como muchos hombres, en ocasiones había permitido que prioridades secundarias interfirieran con lo que realmente importaba. Pero la conciencia crea oportunidad. Si la vida realmente se ordena por prioridades, entonces realinearlas puede cambiar completamente el rumbo de un hombre.

James entendió que la masculinidad misma depende de esta claridad. Sin prioridades claras, un hombre se vuelve reactivo. Responde a la voz más fuerte, a la presión más intensa, al deseo más inmediato. Pero con prioridades claras, un hombre se vuelve firme. Sabe dónde pararse. Sabe qué proteger. Sabe qué rechazar.

Y esa estabilidad impacta a todos a su alrededor. Una familia se siente segura cuando un padre conoce sus prioridades. Una comunidad se fortalece cuando los hombres actúan con convicción en lugar de confusión. Los hijos crecen con confianza cuando ven consistencia en las decisiones de quienes los guían.

James comenzó a ver que la restauración de la masculinidad requería más que debates culturales. Requería que los hombres redescubrieran sus prioridades, no prioridades definidas por popularidad, sino prioridades ancladas en la responsabilidad: responsabilidad ante **Dios**, responsabilidad ante la familia, responsabilidad ante la verdad y responsabilidad ante las futuras generaciones.

Estas responsabilidades no pueden equilibrarse con todos los demás deseos. Deben liderar. Todo lo demás debe seguir. James entendió que, una vez que un hombre comprende este orden, muchos de los debates culturales sobre la masculinidad pierden su poder. Porque el hombre ya no reacciona a la opinión. Responde a la responsabilidad.

Y la responsabilidad no necesita aprobación. Necesita fidelidad.

James comprendió que este principio explicaba algo que había observado durante años. Los hombres más estables que conocía no perseguían el balance. Protegían sus prioridades. Estaban dispuestos a sacrificar comodidad, conveniencia e incluso popularidad para mantenerse fieles a ellas.

Ese tipo de disciplina no siempre es visible. Rara vez recibe aplausos. Pero construye algo mucho más valioso que el reconocimiento. Construye orden. Y el orden es el fundamento sobre el cual se construyen familias fuertes, comunidades fuertes y civilizaciones fuertes.

James entendía ahora que la masculinidad nunca será restaurada solo a través de argumentos o apariencia. Será restaurada cuando los hombres tengan el valor de ordenar sus vidas según la responsabilidad, y no según la comodidad.

El balance alguna vez sonó atractivo. Pero ahora lo veía con claridad. El balance es una ilusión. Las prioridades son la realidad. Y un hombre que entiende sus prioridades siempre será más firme que aquel que pasa su vida persiguiendo el balance.

Capítulo 8: La Responsabilidad Evitada

Capítulo 8: La Responsabilidad Evitada

En el momento en que James comenzó a pensar seriamente en las prioridades, otra realización siguió de inmediato. La claridad por sí sola no era suficiente. Saber qué es lo más importante no significa automáticamente que un hombre abrazará la responsabilidad que eso conlleva. De hecho, la claridad puede ser incómoda. Porque una vez que un hombre entiende de qué es responsable, ya no puede esconderse detrás de la confusión.

James había pasado años observando las luchas que enfrentaban los hombres en la cultura moderna. Había considerado las presiones, las contradicciones y las expectativas cambiantes que rodeaban la masculinidad. Pero al reflexionar con más honestidad, comenzó a ver algo que no había reconocido completamente antes. Parte de la crisis que enfrentan los hombres tenía menos que ver con la cultura y más que ver con la evasión.

La responsabilidad es pesada. Exige disciplina. Exige sacrificio. Exige rendición de cuentas. Y para muchos hombres, esas exigencias pueden parecer abrumadoras. James lo entendía porque él mismo había sentido ese peso. Hubo temporadas en su vida en las que percibía las responsabilidades frente a él, pero dudaba en abrazarlas por completo. No porque no quisiera hacer lo correcto, sino porque el costo de la responsabilidad puede intimidar.

Cuando un hombre se compromete con la responsabilidad, elimina muchas de las excusas que le permiten vivir a la deriva con comodidad. Acepta que sus decisiones afectarán a otros. Acepta que el fracaso tiene consecuencias. Acepta que la disciplina requerirá sacrificar caminos más fáciles. James comenzó a notar lo sutil que puede ser la evasión. Rara vez es dramática. La mayoría de las veces parece razonable. Un hombre se dice a sí mismo que está esperando el momento adecuado: esperando estabilidad financiera antes de comprometerse en matrimonio, esperando claridad emocional antes de asumir liderazgo, esperando mejores circunstancias antes de hacer cambios difíciles, esperando certeza antes de tomar responsabilidad.

Esperar puede parecer sabio. Pero a veces, esperar es simplemente miedo disfrazado de paciencia. James recordaba conversaciones con hombres que hablaban con entusiasmo sobre sus metas, pero nunca daban el primer paso. Tenían planes. Tenían ideas. Tenían sueños. Pero la responsabilidad siempre quedaba en el futuro. Con el tiempo, James vio cómo este patrón podía extenderse durante años. Un hombre se dice que será más disciplinado después, que arreglará sus relaciones después, que profundizará su fe después. Pero el "después" tiene la costumbre de alejarse cada vez más. La responsabilidad pospuesta muchas veces se convierte en responsabilidad abandonada.

James vio cómo la cultura, en ocasiones, reforzaba esta postergación. La sociedad moderna ofrece distracciones infinitas que hacen más fácil evitar lo importante. El entretenimiento llena horas vacías. Los medios digitales ocupan momentos de aburrimiento. La información constante crea la ilusión de progreso sin exigir acción. Un hombre puede pasar años consumiendo consejos sobre cómo mejorar su vida sin enfrentar las decisiones que ese cambio requiere.

James reconoció que la evasión no siempre nace de la pereza. A veces nace del miedo. Miedo al fracaso. Miedo al rechazo. Miedo a tomar la decisión equivocada. Miedo a asumir una responsabilidad que exponga debilidades. El miedo puede paralizar incluso a los hombres capaces. Pero no puede ser el que dirija.

James comenzó a examinar cómo los hombres a veces trasladan la responsabilidad a factores externos. Algunos culpan a la cultura. Argumentan que la sociedad moderna hace imposible liderar una familia o construir relaciones significativas. Otros culpan a las instituciones. Creen que los sistemas legales, la presión económica o las expectativas sociales han eliminado los incentivos para una masculinidad responsable. Otros culpan al pasado. Creen que su infancia o su historia familiar han limitado permanentemente su capacidad de construir una vida estable.

James entendía por qué estas explicaciones resultaban convincentes. Muchas contienen parte de la verdad. La cultura influye en el comportamiento. Las instituciones moldean incentivos. La infancia deja huellas profundas. Pero ninguna de esas realidades elimina la responsabilidad. Un hombre no puede controlar todas las circunstancias de su vida. Pero sigue siendo responsable de su respuesta ante ellas.

James comprendió que culpar factores externos muchas veces permite evitar el trabajo más difícil: el autoexamen. Es más fácil identificar problemas en la sociedad que enfrentar debilidades personales. Es más fácil criticar instituciones que construir disciplina. Es más fácil hablar de tendencias culturales que cambiar hábitos propios. Pero la responsabilidad siempre comienza con el individuo. Antes de influir en la sociedad, un hombre debe gobernarse a sí mismo. Antes de liderar a otros, debe disciplinar su propia vida. Antes de construir una familia estable, debe convertirse en un hombre estable.

James alguna vez creyó que el mayor obstáculo para los hombres modernos era la incomprensión cultural. Ahora comenzaba a sospechar algo más profundo. El mayor obstáculo podría ser la resistencia a aceptar la responsabilidad cuando se vuelve evidente. La responsabilidad elimina la opción de vivir a la deriva. Obliga a tomar decisiones. Obliga a comprometerse. Obliga a actuar. Una vez que un hombre acepta la responsabilidad, ya no puede usar la confusión como excusa para la inacción.

James recordó un momento en su vida en el que esta verdad le golpeó con claridad. Estaba reflexionando sobre la dirección de su vida y las responsabilidades que sentía que **Dios** había puesto delante de él. Durante mucho tiempo, había visto esas responsabilidades como posibilidades futuras, cosas que podría perseguir cuando las circunstancias fueran perfectas. Pero al reflexionar con honestidad, entendió algo importante: las circunstancias rara vez son perfectas. Esperar condiciones ideales es muchas veces otra forma de evasión. Las responsabilidades frente a él no estaban esperando el momento perfecto. Estaban esperando valentía.

James entendió que la responsabilidad no siempre llega como una invitación. A veces llega como un desafío. Un desafío que le pregunta al hombre si dará un paso adelante o retrocederá. Dar un paso adelante se siente arriesgado. Expone al hombre a la posibilidad de fallar. Pero retroceder tiene su propio costo: el costo del arrepentimiento.

James había visto hombres mayores cargar ese arrepentimiento en silencio. Hombres que alguna vez tuvieron gran potencial, pero que postergaron la responsabilidad por demasiado tiempo. Hombres que hablaban de oportunidades que hubieran querido tomar antes. Hombres que se preguntaban cómo habría sido su vida si hubieran actuado a tiempo. El arrepentimiento es un gran maestro. Pero es un maestro doloroso.

James no quería aprender esa lección demasiado tarde. Entendió que la diferencia entre los hombres que admiraba y los que compadecía a menudo se reducía a una sola decisión: la decisión de aceptar la responsabilidad cuando aparece. Los hombres que admiraba no siempre se sentían listos. Pero avanzaban de todos modos. Disciplinaban sus vidas. Se comprometían con sus familias. Aceptaban la responsabilidad. Y con el tiempo, la responsabilidad moldeaba su carácter.

James comenzó a ver la responsabilidad no solo como una carga, sino como una fuerza que refina. Revela las debilidades del hombre, pero también fortalece su determinación. Exige crecimiento. Produce disciplina. Crea significado. Un hombre que carga responsabilidad entiende que su vida importa más allá de su propia comodidad. Sus decisiones afectan a otros. Su disciplina estabiliza a otros. Su liderazgo protege a otros. La responsabilidad conecta la vida de un hombre con algo más grande que él mismo.

Sin responsabilidad, el hombre eventualmente comienza a sentirse innecesario. Y cuando un hombre cree que es innecesario, su propósito se desvanece. James entendió que la restauración de la masculinidad no ocurrirá solo a través de debates culturales. Ocurrirá cuando los hombres dejen de evadir la responsabilidad, cuando dejen de esperar condiciones perfectas, cuando dejen de culpar factores externos y, en su lugar, hagan una pregunta más difícil: ¿qué soy responsable de hacer ahora mismo?

Responder esa pregunta requiere honestidad. Pero vivirla requiere valentía. James sabía que esa valentía sería necesaria. Porque la responsabilidad cambia la vida de un hombre. Elimina excusas cómodas. Exige constancia. Requiere sacrificio. Pero también ofrece algo que la evasión nunca puede dar: dirección.

James comenzaba a ver su camino con mayor claridad. Las responsabilidades frente a él ya no eran ideas abstractas. Eran reales. Y la única pregunta que quedaba era si las iba a asumir. Porque la responsabilidad no puede delegarse. Debe abrazarse. Y cuando un hombre decide hacerlo, la dirección de su vida comienza a transformarse.

Capítulo 9: Reordenando la Vida

Capítulo 9: Reordenando la Vida

Entender la responsabilidad es una cosa. Vivirla es otra. Durante muchos años, James creyó que la claridad resolvería la mayoría de sus luchas. Pensaba que si simplemente lograba entender los principios correctos—disciplina, liderazgo, fe, responsabilidad—entonces todo lo demás caería en su lugar. Pero la claridad no crea cambio automáticamente. Un hombre puede entender perfectamente lo que debe hacer y aun así no hacerlo. James se dio cuenta de que el conocimiento por sí solo no reordena la vida. Las decisiones sí. Y las decisiones a menudo requieren ajustes incómodos.

En el momento en que James comenzó a tomar la responsabilidad en serio, notó algo sorprendente. Su vida había estado organizada más por conveniencia que por convicción. No de forma intencional. No de manera consciente. Pero sí de forma sutil. Como muchos hombres, había construido rutinas basadas en lo que era manejable en lugar de lo que era más importante. El trabajo ocupaba gran parte de su tiempo. El entretenimiento llenaba muchas de las horas restantes. La reflexión personal y la disciplina espiritual aparecían ocasionalmente cuando el tiempo lo permitía. Las relaciones recibían atención cuando las circunstancias lo hacían conveniente. Ninguno de estos hábitos parecía destructivo por sí solo. Pero juntos creaban algo preocupante. Las prioridades más importantes recibían la menor atención intencional.

James comenzó a ver las consecuencias de este desorden. Un hombre puede decir que su familia es lo más importante, pero si su agenda constantemente prioriza otras cosas, la verdad se hace evidente. Un hombre puede decir que su fe guía su vida, pero si su disciplina espiritual es irregular, sus prioridades revelan algo diferente. Un hombre puede decir que la responsabilidad define su carácter, pero si sus hábitos reflejan comodidad en lugar de disciplina, sus palabras pierden credibilidad. James entendió que las prioridades deben ser visibles en el comportamiento. De lo contrario, son solo ideas. Y las ideas por sí solas no moldean la vida de un hombre.

Así que comenzó a hacer ajustes. Pequeños al principio. Empezó a proteger tiempo para la reflexión y la oración temprano en la mañana, antes de que comenzaran las distracciones del día. Al principio se sentía extraño. El silencio puede ser incómodo cuando un hombre está acostumbrado al ruido constante. Pero con el tiempo, ese silencio comenzó a revelar cosas que antes había ignorado. Preguntas sobre propósito. Preguntas sobre disciplina. Preguntas sobre si sus acciones diarias estaban alineadas con las responsabilidades que creía que **Dios** había puesto delante de él.

Estos momentos de reflexión no siempre eran cómodos. A veces exponían inconsistencias. A veces lo obligaban a enfrentar hábitos que había permitido que se desviaran. Pero la claridad muchas veces nace de la incomodidad.

James también comenzó a examinar cómo usaba su tiempo. El tiempo revela las prioridades con más honestidad que las palabras. Notó lo fácil que era perder horas en pequeñas distracciones. Unos minutos en redes sociales podían convertirse en una hora. Una noche de entretenimiento casual podía convertirse en un hábito que consumía tiempo valioso. Ninguna de estas actividades era inherentemente mala. Pero eran fáciles. Y lo fácil muchas veces desplaza lo significativo.

James comenzó a establecer límites. No restricciones rígidas, sino límites intencionales. Si la responsabilidad realmente importaba, entonces la disciplina tenía que seguir. Redujo el tiempo que dedicaba a distracciones digitales. Reemplazó algunas de esas horas con lectura, aprendizaje y conversaciones que fortalecían su pensamiento. Invirtió más tiempo en relaciones que promovían responsabilidad en lugar de comodidad. Estos cambios no fueron dramáticos. Fueron silenciosos. Pero la disciplina silenciosa produce resultados poderosos con el tiempo.

James también comenzó a pensar de manera diferente sobre el liderazgo. En años anteriores, había asociado el liderazgo con autoridad. Pensaba que liderar requería cierto nivel de confianza, experiencia o reconocimiento. Pero mientras más reflexionaba sobre la responsabilidad, más entendía que el liderazgo comienza mucho más pequeño. Comienza con el gobierno propio. Un hombre que no puede disciplinar sus propios hábitos no puede liderar eficazmente a otros. El dominio propio requiere consistencia. Requiere que un hombre cumpla los compromisos que hace consigo mismo. Levantarse cuando dijo que lo haría. Trabajar con diligencia cuando el trabajo lo exige. Descansar cuando es apropiado. Decir la verdad cuando el silencio sería más fácil. Estos hábitos parecen simples, pero forman el carácter. Y el carácter forma el liderazgo.

James también comenzó a reconocer la importancia de la humildad en este proceso. Reordenar la vida no ocurre sin errores. Hubo días en los que no logró mantener la disciplina que había establecido. Días en los que las distracciones regresaron. Días en los que la frustración reemplazó la claridad. Pero el fracaso no descalifica a un hombre de la responsabilidad. Lo que importa es cómo responde. James aprendió a corregirse rápidamente en lugar de esconderse. La responsabilidad comenzó con la honestidad. Si fallaba, lo reconocía. Si se desviaba, se realineaba. Con el tiempo, esta práctica fortaleció su determinación.

James entendió que la disciplina no se trata de perfección. Se trata de dirección. Un hombre que mantiene dirección eventualmente llegará a un destino significativo. Un hombre que se desvía eventualmente se pierde.

A medida que James continuaba reorganizando sus hábitos, algo inesperado comenzó a suceder. La claridad aumentó. Cuando las distracciones disminuyen, las prioridades se vuelven más visibles. Cuando la disciplina aumenta, la confianza la sigue. No la confianza ruidosa de la apariencia, sino la confianza silenciosa que nace de la alineación. James se sentía más firme. Las responsabilidades frente a él ya no parecían ideas abstractas. Se sentían reales.

Entendió que la responsabilidad no siempre produce recompensas inmediatas. Habría sacrificios. Habría momentos en los que el camino fácil sería tentador. Pero la responsabilidad produce algo que la conveniencia nunca puede ofrecer: estabilidad.

Un hombre estable se convierte en una presencia que estabiliza a otros. Sus decisiones se vuelven predecibles. Su carácter se vuelve confiable. Su familia puede depender de él. Sus amigos pueden confiar en él. Su comunidad puede contar con él. Este tipo de estabilidad es rara. Pero cuando aparece, tiene un impacto poderoso.

James también notó algo interesante a medida que vivía con mayor intención. Los hombres a su alrededor comenzaron a responder de manera diferente. Algunos hacían preguntas. Otros mostraban curiosidad por los hábitos que estaba desarrollando. Algunos incluso comenzaron a adoptar disciplinas similares en sus propias vidas. James entendió que la responsabilidad tiene una influencia silenciosa. No necesita anunciarse. Solo necesita vivirse. Y cuando un hombre vive con responsabilidad, otros lo notan.

No siempre de inmediato. Pero con el tiempo.

Esto humilló a James, porque entendió que la masculinidad no es solo personal. Es contagiosa. Un hombre disciplinado inspira disciplina en otros. Un hombre responsable inspira responsabilidad en otros. Un hombre estable inspira estabilidad en otros.

James entendió que las decisiones que estaba tomando afectarían más que su propia vida. Influenciarían a las personas a su alrededor. Moldearían la familia que esperaba construir. Definirían el ejemplo que un día daría a la siguiente generación.

La responsabilidad ahora se sentía más grande. Ya no se trataba solo de superación personal. Se trataba de mayordomía. La mayordomía de la vida que **Dios** le había confiado.

James no sabía exactamente a dónde lo llevaría este camino. Pero sabía que algo había cambiado. La confusión que antes rodeaba la masculinidad estaba siendo reemplazada por claridad. No porque la cultura hubiera cambiado. Sino porque sus prioridades sí lo habían hecho.

Y cuando las prioridades se establecen, comienzan a reorganizar todo lo demás.

El hombre que entiende sus prioridades sabe dónde pararse cuando llega la presión. Sabe qué proteger. Sabe qué sacrificar. Sabe qué debe rechazar.

James comenzaba a entender que la masculinidad no es una actuación, ni un debate, ni una idea abstracta.

Es una responsabilidad.

Una responsabilidad que se vive decisión por decisión.

Y en el momento en que un hombre decide abrazarla, la dirección de su vida comienza a cambiar.

Capítulo 10: La Disciplina Del Orden

Capítulo 10: La Disciplina del Orden

James había pasado años buscando claridad sobre la masculinidad. Había observado la cultura, enfrentado expectativas, confrontado las heridas de su pasado y comenzado a asumir responsabilidad por la dirección de su vida. Sin embargo, mientras más se adentraba en la responsabilidad, más comprendía que las buenas intenciones por sí solas no eran suficientes. La responsabilidad sin disciplina eventualmente colapsa. Un hombre puede desear sinceramente liderar bien a su familia, vivir su fe con fidelidad y construir una vida estable—pero si sus hábitos permanecen desordenados, esas intenciones se erosionan lentamente bajo la presión de la vida diaria.

James comenzó a notar cómo el desorden, de manera sutil, podía sabotear el progreso de un hombre. Rara vez aparece de forma dramática al principio. Un hombre se levanta tarde ocasionalmente. Retrasa pequeñas tareas. Posponen conversaciones difíciles. Permite que las distracciones interrumpan sus compromisos. Cada momento parece insignificante. Pero con el tiempo, esos pequeños compromisos se acumulan. El desorden comienza a reemplazar la estructura.

James entendió que la diferencia entre los hombres que se desvían y los que permanecen firmes a menudo se reduce a algo simple: el orden. El orden no es llamativo. Rara vez recibe atención. Pero lo define todo. Un hombre cuya vida está ordenada comienza su día con intención en lugar de reacción. Sabe qué responsabilidades requieren su atención y estructura su tiempo en consecuencia. Un hombre sin orden despierta ya atrasado, reaccionando a la primera presión que aparece.

James había vivido en ambos mundos. Hubo temporadas en las que sus días estaban dominados por la urgencia. El trabajo exigía atención. Los mensajes requerían respuesta. Las tareas aparecían sin aviso. Cuando llegaba la noche, el agotamiento había reemplazado la claridad. Había estado ocupado. Pero no había estado ordenado. La ocupación puede disfrazar el desorden. Un hombre puede llenar cada hora de su día con actividad y aun así descuidar lo que realmente importa. El orden obliga a distinguir entre actividad y prioridad.

James comenzó a implementar nuevas disciplinas que trajeran estructura a su vida. Empezó estableciendo ritmos consistentes. La mañana se volvió sagrada. Antes de que el ruido del mundo comenzara, reservó tiempo para la oración, la reflexión y la lectura. Estos momentos no eran espectaculares. Eran silenciosos y, a veces, difíciles. El silencio tiene la capacidad de revelar los pensamientos que normalmente evitamos. Pero con el tiempo, esas mañanas tranquilas se convirtieron en el ancla de su día.

James descubrió que comenzar el día con alineación intencional transformaba todo lo que seguía. Sus decisiones se volvieron más claras. Sus reacciones más calmadas. Sus prioridades permanecían visibles. El orden producía estabilidad.

También comenzó a prestar atención a la disciplina de su cuerpo. La salud física puede parecer desconectada de la responsabilidad espiritual, pero James comenzó a ver cuán estrechamente están relacionadas. Un hombre que descuida su disciplina física a menudo lucha con otras áreas de disciplina. La fuerza requiere esfuerzo. La resistencia requiere consistencia. El dominio propio requiere práctica. Cuando James se comprometió con el ejercicio regular y hábitos saludables, notó cómo eso fortalecía su disciplina mental. El cuerpo aprende lo que la mente ordena. Y un cuerpo disciplinado fortalece una mente disciplinada.

James comenzó a entender que la masculinidad no es solo espiritual o intelectual. Es integral. La vida espiritual, la disciplina física, la madurez emocional y el crecimiento intelectual se influyen mutuamente. El descuido en un área eventualmente debilita las demás. El orden requiere atención al hombre completo.

Pero la disciplina no era el fin. El orden servía a un propósito mayor. Preparaba al hombre para cargar responsabilidad. James había creído que la disciplina era para superarse a sí mismo. Ahora entendía que era preparación. Preparación para liderar. Para servir. Para las responsabilidades que inevitablemente llegarían.

Un hombre que desarrolla disciplina antes de que llegue la responsabilidad estará mucho más preparado cuando otros comiencen a depender de él. James pensaba a menudo en el tipo de padre que deseaba ser. Los hijos necesitan estabilidad. Necesitan consistencia. Necesitan un hombre firme cuando la vida se vuelve difícil. Esas cualidades no aparecen de repente. Se construyen con el tiempo. La disciplina es ese fundamento.

James también notó algo en los hombres ordenados. Se movían diferente. No con arrogancia. No con superioridad. Sino con calma. No parecían apresurados ni caóticos. Sus decisiones eran deliberadas. Su manera de hablar era medida. Su presencia traía estabilidad.

James admiraba esa firmeza. Y entendió que era el resultado natural de una vida ordenada. Pero el orden no aparece solo. Debe cultivarse. Y cultivar requiere humildad.

Pronto aprendió que mantener la disciplina es más difícil que comenzarla. Cualquiera puede iniciar un hábito por unos días. La consistencia a lo largo del tiempo revela el carácter. Había mañanas en las que no quería levantarse. Días en los que las distracciones lo llamaban. Momentos en los que el camino fácil parecía mejor. Pero la disciplina exige persistencia.

James aprendió que la disciplina no se mide en los mejores días, sino en aquellos en los que uno no quiere hacerlo. Esos momentos fortalecen al hombre.

Con el tiempo, la disciplina dejó de ser esfuerzo y se convirtió en identidad. James comenzó a verse como un hombre ordenado. Y cuando la identidad cambia, el comportamiento sigue.

Pero también entendió un peligro. La disciplina sin humildad puede corromper. Un hombre puede volverse orgulloso y juzgar a otros. James evitó eso recordando su proceso. No llegó ahí por perfección. Llegó por corrección. Por errores. Por momentos de honestidad.

Eso lo mantuvo humilde. Y la humildad protegió su disciplina.

James comenzó a comprender algo profundo. La masculinidad no se define por dominio, agresión o apariencia. Se define por fuerza ordenada. Fuerza guiada por responsabilidad. Fuerza alineada con propósito.

Esa fuerza no necesita anunciarse. Se ve en la constancia. En cómo un hombre trata a su familia. En cómo enfrenta presión. En cómo cumple sus compromisos.

James entendió que cuando un hombre ordena su vida, muchos debates culturales pierden relevancia. Porque ya no vive por aprobación externa. Vive alineado con su responsabilidad. Con su fe. Con sus prioridades.

Esa alineación crea estabilidad.

James sabía que este camino sería de por vida. La disciplina nunca termina. La responsabilidad nunca deja de crecer. Pero había descubierto algo valioso.

El orden produce libertad.

No la libertad de evitar responsabilidad. Sino la libertad de cumplirla con fidelidad.

Y esa libertad permite a un hombre mantenerse firme, incluso cuando el mundo a su alrededor es incierto.

James sintió el cambio ocurriendo dentro de él. La confusión estaba desapareciendo. En su lugar, algo más fuerte tomaba forma.

Orden.

Y el orden guiaría los próximos pasos de su vida.

Capítulo 11: El Hogar como el Primer Reino

Capítulo 11: El Hogar como el Primer Reino

Durante gran parte de su vida, James creyó que el éxito se mediría por lo que lograra en el mundo público. Carrera. Reconocimiento. Influencia. Logros. Esos eran los indicadores que la sociedad parecía valorar más. Un hombre que sobresalía profesionalmente solía recibir admiración. Sus logros eran visibles. Sus esfuerzos eran recompensados con respeto y atención. James había perseguido muchos de esos objetivos. La disciplina le ayudó a construir estabilidad en su vida profesional. El trabajo duro abrió oportunidades. El progreso en su carrera le brindó una sensación de logro difícil de ignorar.

Pero con el paso de los años, y a medida que su comprensión de la responsabilidad se profundizaba, James comenzó a ver algo que antes había pasado desapercibido. El éxito público no necesariamente crea estabilidad privada. Un hombre puede ser respetado en su profesión mientras su hogar lucha en silencio. Puede ser admirado por sus logros mientras sus relaciones se debilitan. Puede liderar equipos, gestionar proyectos e influir en organizaciones, mientras fracasa en liderar a las personas más cercanas a él.

James comenzó a darse cuenta de que la sociedad a menudo celebra los escenarios equivocados de liderazgo. El liderazgo público es visible. El liderazgo privado es silencioso. Y precisamente porque es silencioso, muchas veces se pasa por alto. Pero el liderazgo privado es mucho más importante. El hogar de un hombre es el primer lugar donde su carácter es probado. Es el lugar donde la disciplina no puede ser una actuación para una audiencia. Es donde la consistencia se hace visible. Es donde la responsabilidad se vuelve personal.

James comenzó a reflexionar sobre el concepto de mayordomía. La mayordomía implica cuidar algo que ha sido confiado a uno. Un mayordomo no es dueño de lo que administra. Lo protege. Lo cultiva. Es responsable por cómo lo maneja. El hogar, entendió James, es una de las mayores responsabilidades confiadas a un hombre. Es el entorno donde los hijos aprenden sus primeras lecciones sobre confianza, seguridad y estabilidad. Es donde se modelan los valores. Es donde se equilibran la disciplina y la compasión. Es donde la próxima generación comienza a formar su comprensión del mundo.

James comprendió que el liderazgo dentro del hogar tiene un peso que ningún logro profesional puede igualar. La carrera de un hombre puede influir a cientos de personas. Pero su hogar influye generaciones. Los niños que crecen en hogares estables suelen llevar esa estabilidad a sus propias familias. Los que crecen en el caos, a menudo pasan años tratando de recuperarse de él. La influencia de un padre se extiende mucho más allá de su propia vida.

James pensaba con frecuencia en el tipo de hogar que deseaba construir algún día. Imaginaba un lugar donde la disciplina y el amor coexistieran. Donde las expectativas fueran claras. Donde los hijos se sintieran lo suficientemente seguros para ser vulnerables, pero también guiados para crecer con responsabilidad. Sabía que crear ese entorno no ocurriría por accidente. Los hogares no se vuelven estables por casualidad. Se vuelven estables a través de un liderazgo intencional. Y el liderazgo requiere presencia.

Uno de los grandes desafíos que enfrentan las familias modernas es la creciente ausencia de presencia constante. Muchos hombres dedican enormes cantidades de tiempo a perseguir el éxito profesional mientras, sin darse cuenta, descuidan las relaciones dentro de sus hogares. La intención suele ser buena. Quieren proveer. Quieren asegurar estabilidad financiera. Pero provisión sin presencia eventualmente crea distancia.

James comenzó a entender lo importante que es que un hombre permanezca activamente involucrado en la vida de su familia. No solo financieramente. Sino emocional, espiritual y relacionalmente. Un niño aprende la fortaleza al observarla. Aprende disciplina al verla. Aprende responsabilidad al experimentarla dentro de la estructura del hogar. Si esos ejemplos no están presentes, las lecciones se aprenderán en otro lugar—y muchas veces de formas más dolorosas.

James también comenzó a comprender que el liderazgo en el hogar no significa dominación. El verdadero liderazgo no se basa en el control. Se basa en el servicio. Un padre sirve a su familia protegiéndola. Guiándola. Proporcionando estructura y límites que generan seguridad. Este tipo de liderazgo requiere humildad. Un hombre que cree que el liderazgo existe para elevarse a sí mismo eventualmente dañará a quienes está llamado a servir. Pero un hombre que entiende el liderazgo como mayordomía se comporta de manera diferente. Lidera con firmeza, pero también con compasión. Establece expectativas, pero también brinda dirección. Corrige errores, pero también demuestra paciencia.

James reconoció que muchos hombres se sienten inseguros sobre cómo liderar sus familias. Algunos temen ser demasiado controladores. Otros temen parecer débiles. La confusión en torno a la masculinidad a menudo se refleja directamente en el hogar. Pero James comenzó a ver que el liderazgo no requiere perfección. Requiere consistencia. Un hombre que demuestra responsabilidad de forma constante crea un entorno donde la confianza crece de manera natural.

La confianza no surge de grandes gestos. Surge de la fidelidad diaria. De estar presente. De cumplir promesas. De mantenerse firme en momentos difíciles. James sabía que el liderazgo dentro del hogar también requiere valentía. Habrá momentos en los que se deban tomar decisiones difíciles. Momentos en los que la disciplina será necesaria. Momentos en los que presiones externas intentarán desviar a la familia de sus valores. En esos momentos, la firmeza de un padre se vuelve esencial.

Los hijos encuentran seguridad en la estabilidad de los adultos que los guían. Un hombre que permanece firme en sus convicciones ofrece un ejemplo poderoso. James había creído que el liderazgo requería momentos extraordinarios de valentía. Ahora entendía que la mayoría del liderazgo se demuestra a través de la consistencia diaria. Día tras día. Decisión tras decisión. Un hombre muestra a su familia cómo se ve la responsabilidad.

James también comenzó a reconocer algo que lo llenó de humildad. El liderazgo de un hombre en el hogar no solo moldea a sus hijos. Lo moldea a él. La responsabilidad refina el carácter. La paciencia necesaria para guiar a los hijos fortalece la madurez emocional. La disciplina necesaria para mantener la estabilidad fortalece la determinación personal. La humildad necesaria para reconocer errores fortalece la integridad. La paternidad y el liderazgo familiar no solo requieren fortaleza. La construyen.

James entendió que su camino hacia la responsabilidad lo estaba preparando para algo más grande que él mismo. Su disciplina. Sus prioridades. Su compromiso con una vida ordenada. Todo eso estaba formando la base del hogar que esperaba construir. Cuanto más reflexionaba sobre esto, más comprendía que la restauración de la masculinidad no comenzaría en debates públicos. Comenzaría en los hogares. Un padre eligiendo responsabilidad. Una familia eligiendo estabilidad. Una generación enseñando a la siguiente cómo se ve la fuerza ordenada.

James creía que cuando suficientes hombres redescubran esta responsabilidad, algo poderoso sucederá. Las familias se estabilizarán. Los hijos crecerán con mayor claridad. Las comunidades se fortalecerán. Y poco a poco, la confusión cultural sobre la masculinidad comenzará a desaparecer. No porque se ganaron argumentos. Sino porque se vivieron ejemplos.

James comprendía ahora que la masculinidad no es algo que se demuestra en público. Es algo que se practica en privado. Dentro del hogar. Donde el carácter no puede esconderse. Donde la responsabilidad se vuelve real. Y donde la fuerza de un hombre moldea el futuro de aquellos a quienes más ama.

Capítulo 12: Fuerza Bajo Autoridad

Capítulo 12: Fuerza Bajo Autoridad

A medida que James continuaba reflexionando sobre la masculinidad, la responsabilidad y la estructura de una vida disciplinada, una realidad se volvió cada vez más clara. La fuerza por sí sola no es suficiente. La historia está llena de hombres fuertes que causaron una enorme destrucción. El poder sin control ha derribado familias, corrompido instituciones y devastado naciones enteras. La fuerza por sí misma no garantiza sabiduría, humildad ni justicia. La pregunta que James comenzó a hacerse era simple, pero profunda: ¿dónde ancla un hombre su fuerza?

Si la fuerza está anclada únicamente en la ambición personal, eventualmente se vuelve egoísta. Si está anclada únicamente en la aprobación cultural, se vuelve inestable. Si está anclada únicamente en la emoción personal, se vuelve impredecible. La verdadera fuerza requiere algo superior al propio hombre. Requiere autoridad.

James alguna vez había malinterpretado el concepto de autoridad. Cuando era más joven, la autoridad le parecía restrictiva. Le sonaba a limitación. Le parecía algo que impedía la libertad en lugar de protegerla. Pero mientras más observaba la vida de los hombres a su alrededor, más comprendía que la ausencia de autoridad producía algo mucho más peligroso: el caos.

Un hombre sin una autoridad por encima de él eventualmente se convierte en la máxima autoridad en su propia vida. Y cuando un hombre solo se rinde cuentas a sí mismo, la disciplina comienza a debilitarse. Las decisiones se vuelven más fáciles de justificar. Los compromisos más fáciles de racionalizar. James vio lo fácil que era caer en eso.

Un hombre comienza con buenas intenciones. Cree saber lo que es correcto. Confía en sus instintos y persigue lo que siente significativo en el momento. Pero los instintos no siempre son confiables. Las emociones cambian. Las circunstancias fluctúan. Y sin un estándar superior que guíe sus decisiones, la dirección de un hombre se vuelve inconsistente.

James había conocido hombres que creían que la masculinidad significaba independencia de toda autoridad. Hablaban de libertad. Hablaban de autodeterminación. Insistían en que un hombre solo debía responder ante sí mismo. Al principio, esa idea sonaba empoderadora. Pero con el tiempo, James notó algo inquietante en esa filosofía.

Si cada hombre se convierte en su propia autoridad, entonces no existe un estándar más allá de la opinión personal. Y la opinión cambia. El sentido de justicia de un hombre puede diferir radicalmente del de otro. Los límites morales de un hombre pueden ajustarse según la conveniencia. Sin una autoridad superior, la masculinidad se vuelve subjetiva. Y una masculinidad subjetiva no puede producir estabilidad.

James comenzó a pensar en los hombres que más respetaba. Casi todos compartían una característica. Reconocían una autoridad por encima de ellos. No una autoridad impuesta por la fuerza, sino una autoridad aceptada voluntariamente. Creían que eran responsables ante **Dios**. Esa creencia moldeaba sus decisiones. Moldeaba sus prioridades. Moldeaba la forma en que trataban a los demás.

Un hombre que cree que dará cuentas ante **Dios** por sus acciones vive de manera diferente a uno que cree que solo responde ante sí mismo. El primero entiende que su autoridad es mayordomía. El segundo a menudo trata la autoridad como un derecho. James vio cómo esta diferencia influía en el liderazgo dentro del hogar.

Un padre que entiende que es responsable ante **Dios** aborda su rol con humildad. Reconoce que su autoridad no es absoluta. Está llamado a guiar, proteger y disciplinar a su familia—pero debe hacerlo con sabiduría y compasión. Porque un día dará cuentas por cómo usó esa autoridad. Esta realidad evita que el liderazgo se convierta en dominación. Ancla el poder en la responsabilidad.

James comenzó a comprender que la masculinidad no existe separada de la sumisión. Esa idea sonaba extraña en una cultura que asocia la masculinidad con independencia. Pero la verdad se volvió innegable.

Un hombre que se niega a someterse a cualquier autoridad eventualmente se vuelve esclavo de sus propios deseos. Sus impulsos comienzan a guiar sus decisiones. Sus emociones comienzan a definir sus respuestas. Su ego comienza a determinar sus prioridades.

La sumisión a **Dios** no debilita la masculinidad. La fortalece. Porque la sumisión proporciona claridad. Establece límites morales. Le recuerda al hombre que su vida tiene un propósito más allá de su comodidad o ambición personal.

James había vivido momentos en los que someterse a la autoridad de **Dios** requería decisiones difíciles. Hubo ocasiones en las que el camino fácil era ceder. Momentos en los que la presión cultural lo empujaba a suavizar sus convicciones. Momentos en los que la conveniencia personal lo tentaba a desviarse de la disciplina. En esos momentos, la conciencia de que era responsable ante **Dios** lo obligaba a reconsiderar.

Sus decisiones no eran simples preferencias personales. Tenían peso espiritual. James comprendió que esta conciencia produce un tipo de fuerza único. No la fuerza ruidosa de la dominación. Sino la fuerza silenciosa de la convicción.

Un hombre arraigado en una autoridad superior no necesita probarse constantemente. No persigue aprobación. No entra en pánico ante la crítica. Su dirección está anclada.

James también reconoció que vivir bajo la autoridad de **Dios** produce humildad. Un hombre que sabe que rendirá cuentas no puede pretender ser perfecto. Entiende que cometerá errores. Entiende que necesita sabiduría. Entiende que el orgullo puede corromper fácilmente su liderazgo.

Esa humildad lo protege de convertirse en el tipo de hombre que alguna vez temió. El tipo de hombre cuya ira controlaba sus acciones. El tipo de hombre cuyo poder causaba dolor.

James entendió ahora que la fuerza bajo autoridad crea seguridad. Los hijos se sienten seguros cuando su padre es disciplinado. Una esposa se siente protegida cuando su esposo está guiado por convicción y no por impulsos. Una comunidad se beneficia cuando sus hombres actúan con responsabilidad en lugar de egoísmo. La autoridad bajo **Dios** produce estabilidad.

James reflexionó sobre cuán diferente sería la conversación sobre la masculinidad si este principio fuera comprendido ampliamente. Gran parte de la crítica cultural hacia la masculinidad asume que la autoridad masculina inevitablemente conduce a la opresión. Pero esa suposición ignora la verdadera estructura del liderazgo masculino.

Un hombre que reconoce una autoridad por encima de él no puede abusar fácilmente del poder. Porque su autoridad no le pertenece. Es una responsabilidad. Él deberá rendir cuentas por cómo la utiliza.

James vio que los mayores fracasos de la masculinidad a lo largo de la historia ocurrieron cuando los hombres rechazaron este principio. Cuando buscaron poder sin rendición de cuentas. Cuando buscaron dominio sin humildad. Cuando buscaron gloria personal sin responsabilidad.

Esas distorsiones dañaron innumerables vidas. Pero no representaban la verdadera masculinidad. Representaban una masculinidad corrompida. La verdadera masculinidad está disciplinada por la autoridad. Guiada por la responsabilidad. Fundamentada en la humildad.

James comenzó a ver su propia vida con mayor claridad a través de este lente. Las responsabilidades que llevaba no eran simples ambiciones personales. Eran asignaciones. Asignaciones que requerían fidelidad. Asignaciones que exigían integridad. Asignaciones que algún día serían evaluadas por una autoridad superior.

Este entendimiento transformó la manera en que veía el liderazgo, la disciplina y el éxito. El éxito ya no se definía principalmente por logros. Se definía por fidelidad. Fidelidad a **Dios**. Fidelidad a la familia. Fidelidad a la responsabilidad.

James comprendió que un hombre que vive bajo autoridad puede mantenerse firme incluso cuando la cultura a su alrededor está confundida. Sabe de dónde provienen sus valores. Sabe lo que debe proteger. Sabe lo que debe rechazar. Y esa claridad produce estabilidad.

James entendió que la restauración de la masculinidad requerirá que los hombres redescubran este principio. Fuerza bajo autoridad. Poder guiado por humildad. Liderazgo fundamentado en rendición de cuentas ante **Dios**.

Cuando los hombres abrazan esta estructura, su fuerza se vuelve constructiva en lugar de destructiva. Su liderazgo se vuelve estabilizador en lugar de opresivo. Y sus vidas se convierten en ejemplo para las generaciones que vienen.

James sintió que esta revelación marcaba otro punto de inflexión en su camino. La masculinidad no se trataba solo de recuperar la fuerza. Se trataba de anclar esa fuerza en la autoridad correcta.

Solo entonces puede la responsabilidad llevarse con fidelidad.

Y solo entonces un hombre puede verdaderamente liderar con integridad.

Capítulo 13: El Púlpito Silencioso

Capítulo 13: El Púlpito Silencioso

A medida que James continuaba reflexionando sobre la masculinidad, la responsabilidad y la autoridad, se encontró regresando a una institución en la que siempre había creído que debía encontrar claridad: la Iglesia. Durante siglos, la Iglesia había sido uno de los principales lugares donde los hombres aprendían responsabilidad, disciplina y liderazgo. Enseñaba a los hombres a someterse a **Dios**, a liderar sus hogares con humildad y a cargar sus responsabilidades con seriedad y reverencia. En su mejor expresión, la Iglesia formaba hombres fuertes. Hombres que no eran definidos por la agresión, sino por la convicción. Hombres que no eran impulsados por el ego, sino por la obediencia. Hombres que entendían que el liderazgo requería sacrificio.

Pero al observar muchas iglesias modernas, James percibió algo inquietante. La claridad que antes moldeaba la formación masculina parecía estar desvaneciéndose. No era que las iglesias hubieran abandonado la fe. Muchas seguían siendo vibrantes, activas y llenas de creyentes sinceros. Los sermones continuaban. La adoración continuaba. Los programas continuaban. Pero algo sutil había cambiado. El mensaje dirigido a los hombres se había vuelto más silencioso.

En muchas congregaciones, los sermones rara vez abordaban directamente las responsabilidades de la masculinidad. El liderazgo dentro del hogar se mencionaba ocasionalmente, pero con cautela. El lenguaje en torno a la responsabilidad masculina se había suavizado. James notó que los sermones enfatizaban cada vez más la comodidad en lugar de la convicción. El ánimo en lugar de la corrección. La afirmación en lugar de la rendición de cuentas.

El ánimo es valioso. La compasión es necesaria. Pero cuando el ánimo reemplaza la claridad, la responsabilidad comienza a debilitarse. James también comenzó a notar otro patrón. Muchas iglesias habían comenzado, sin intención, a moldear sus mensajes principalmente en torno a la accesibilidad emocional. Los sermones se centraban en temas que resonaban ampliamente con la congregación—sanidad, afirmación, crecimiento emocional, realización personal.

Estos temas no eran incorrectos. Pero cuando dominan el mensaje, algo importante puede perderse: la responsabilidad. Las Escrituras contienen numerosos pasajes que llaman a los hombres al liderazgo, la disciplina, el valor y la rendición de cuentas ante **Dios**. Estos pasajes no siempre son cómodos, pero son esenciales para formar creyentes maduros. Cuando estos mensajes desaparecen del púlpito, los hombres comienzan a desviarse. No porque rechacen la fe, sino porque ya no son desafiados a crecer.

James habló con varios hombres que se habían desconectado silenciosamente de la iglesia a lo largo de los años. Sus razones variaban, pero surgía un tema común. Ya no se sentían interpelados. Los sermones ofrecían ánimo emocional, pero rara vez los desafiaban como hombres responsables de liderar sus familias, disciplinar sus vidas o mantenerse firmes en sus convicciones. Muchos de estos hombres aún creían en **Dios**. Pero ya no sentían que la Iglesia hablara directamente a las responsabilidades que llevaban.

Esto preocupaba a James. Porque la Iglesia debería ser uno de los lugares más claros donde se define la responsabilidad masculina. Las Escrituras presentan consistentemente a los hombres como responsables ante **Dios** por la manera en que lideran sus hogares. Esta responsabilidad no es autoritaria. Es sacrificial. Un esposo está llamado a amar a su esposa con el mismo amor sacrificial que Cristo demostró por la Iglesia. Un padre está llamado a guiar a sus hijos con disciplina e instrucción.

Estas responsabilidades no son opcionales. Son asignaciones. Asignaciones que moldean la estabilidad de las familias y la salud de las futuras generaciones. James comenzó a preguntarse por qué estas responsabilidades se abordaban con tanta cautela en muchas iglesias. Sospechaba que parte de la razón era la presión cultural.

La cultura moderna a menudo reacciona con fuerza ante las discusiones sobre la autoridad masculina. El liderazgo dentro del hogar a veces se malinterpreta como dominación o control. Los líderes de la iglesia, intentando evitar controversias, pueden suavizar estos temas para mantener la unidad dentro de sus congregaciones. La intención es comprensible. Pero la consecuencia puede ser perjudicial.

Cuando la claridad desaparece del púlpito, la confusión crece dentro de la congregación. Los hombres que no tienen claridad sobre sus responsabilidades rara vez encontrarán dirección si esas responsabilidades no se abordan directamente. James también observó cómo los patrones de participación en la iglesia habían cambiado con el tiempo. En muchas congregaciones, las mujeres superaban consistentemente a los hombres en asistencia, liderazgo voluntario y participación en ministerios.

Con frecuencia, las mujeres asumían roles de liderazgo espiritual dentro del hogar, mientras que muchos hombres permanecían espiritualmente pasivos. Este patrón creó un desequilibrio. La fe seguía siendo importante dentro del hogar, pero muchos hombres se habían alejado silenciosamente del liderazgo espiritual. James no creía que esto sucediera porque los hombres no estuvieran interesados en la fe. Más bien, muchos nunca habían sido enseñados a vivirla como líderes.

Cuando los sermones rara vez desafían a los hombres a asumir responsabilidad, muchos concluyen que su rol es simplemente observar en lugar de liderar. Pero las Escrituras presentan una imagen diferente. La fe de un hombre debe moldear el ambiente espiritual de su hogar. Sus convicciones deben guiar las prioridades de su familia. Su disciplina debe modelar consistencia para sus hijos. Su humildad ante **Dios** debe demostrar cómo se ve la sumisión.

James creía que la Iglesia aún tenía el poder de restaurar claridad en esta área. Pero esa restauración requeriría valentía. Los pastores tendrían que hablar con honestidad sobre la responsabilidad. Tendrían que desafiar a los hombres sin temor a la crítica cultural. Tendrían que recordar a sus congregaciones que el diseño de **Dios** para el liderazgo está basado en la humildad y el servicio, no en la dominación.

Este mensaje debe comunicarse con cuidado. Porque el objetivo no es elevar a los hombres por encima de las mujeres. El objetivo es restaurar la estructura que permite que las familias florezcan. Cuando un hombre acepta la responsabilidad de liderar espiritualmente su hogar, toda la familia se beneficia. Cuando descuida esa responsabilidad, la estructura se debilita.

James reflexionó sobre los momentos en las Escrituras en los que **Dios** llamó a hombres al liderazgo. Abraham fue llamado a guiar una familia que eventualmente se convertiría en una nación. Moisés fue llamado a liderar a un pueblo en medio de la incertidumbre. Josué fue llamado a permanecer valiente y fiel bajo una presión enorme. David fue llamado a gobernar con humildad y arrepentimiento.

Estos hombres no eran perfectos. Cometieron errores. Pero fueron responsables. Su liderazgo llevaba peso. James se dio cuenta de que la rendición de cuentas era uno de los elementos faltantes en muchas conversaciones modernas sobre la masculinidad dentro de la Iglesia.

La fe se había vuelto profundamente personal. Y aunque la fe personal es importante, nunca fue diseñada para permanecer privada. Está destinada a moldear familias, comunidades y generaciones. Y moldear esos entornos requiere liderazgo.

James creía que cuando la Iglesia recupere el valor de hablar con claridad sobre la responsabilidad masculina, algo poderoso sucederá. Los hombres comenzarán a dar un paso al frente nuevamente. No porque busquen poder. Sino porque entienden su asignación.

Cuando un hombre reconoce que **Dios** le ha confiado una responsabilidad, comienza a vivir de manera diferente. Su disciplina se fortalece. Sus prioridades se aclaran. Su familia se beneficia.

James comprendió que la restauración de la responsabilidad masculina no vendrá únicamente a través de debates culturales. Vendrá a través de claridad espiritual. La Iglesia debe volver a hablar. No con enojo. No con condenación. Sino con convicción.

A los hombres se les debe recordar que sus vidas importan más allá de su comodidad personal. Que sus familias dependen de su liderazgo. Que su fe no es pasiva. Es activa. Responsable. Con rendición de cuentas.

James había pasado años buscando claridad sobre la masculinidad. Ahora entendía algo profundo.

Las respuestas siempre habían estado ahí: responsabilidad, autoridad bajo **Dios**, liderazgo a través del servicio, fidelidad mediante la disciplina.

Estos principios habían guiado a generaciones antes que él. Y podían guiar a la siguiente generación nuevamente.

Pero alguien tenía que vivirlos primero. Alguien tenía que llevarlos con convicción. Alguien tenía que dar el paso al frente y aceptar la responsabilidad.

James sintió esa responsabilidad asentarse silenciosamente en su propia vida.

Y entendió que el siguiente paso en su camino requeriría algo más que reflexión.

Requeriría asumirla.

Capítulo 14: El Regreso del Rey

Capítulo 14: El Regreso del Rey

Durante muchos años, James creyó que la mayor batalla que enfrentaban los hombres era externa. Creía que la masculinidad estaba bajo ataque por fuerzas culturales que la malinterpretaban, la criticaban y, a menudo, la presentaban como algo peligroso o anticuado. Pensaba que la confusión en torno a la hombría era, en gran parte, el resultado de cambios sociales que habían transformado lentamente las expectativas sobre los hombres. Y, en muchos aspectos, esa creencia no estaba del todo equivocada. La cultura había cambiado. Las expectativas se habían desplazado. Las instituciones que antes reforzaban la responsabilidad masculina se habían debilitado o guardado silencio.

Pero mientras James continuaba reflexionando sobre su vida, algo más profundo comenzó a emerger. La mayor batalla que enfrentaban los hombres no era externa. Era interna. Porque incluso cuando la cultura se vuelve confusa, un hombre aún conserva la capacidad de elegir responsabilidad. Puede elegir disciplina. Puede elegir liderazgo. Puede elegir convicción. Ninguna tendencia cultural puede quitarle esa elección.

James había pasado años observando las consecuencias de la ausencia masculina. Hogares rotos. Hijos sin padre. Hombres que vagaban por la vida sin propósito. Jóvenes buscando desesperadamente identidad en lugares que nunca podrían proporcionársela. Había visto a amigos luchar con la responsabilidad. Había visto matrimonios colapsar bajo el peso de la inestabilidad. Había sido testigo de lo fácil que es para un hombre desconectarse de los roles que está llamado a desempeñar.

En ocasiones, esas observaciones lo llenaban de frustración. Pero la frustración por sí sola no construye nada. Con el tiempo, James comprendió algo humillante. La crisis de la masculinidad no solo estaba ocurriendo a su alrededor. También había tocado su propia vida.

Hubo momentos en los que permitió que la distracción reemplazara la disciplina. Momentos en los que pospuso responsabilidades que requerían valentía. Momentos en los que dejó que la comodidad influyera en decisiones que debían estar guiadas por convicción. James no era inmune a las mismas luchas que observaba en otros hombres. Ese reconocimiento cambió la forma en que abordó la conversación sobre la masculinidad.

En lugar de situarse fuera del problema como un crítico, entendió que estaba dentro de él como participante. Y cuando un hombre reconoce su propia responsabilidad, algo poderoso se vuelve posible: la apropiación.

La apropiación transforma la frustración en acción. Elimina las excusas. Reemplaza la culpa con responsabilidad.

James comprendió que la masculinidad nunca fue diseñada para defenderse únicamente con argumentos. Fue diseñada para demostrarse a través de la vida. A través de la manera en que un hombre disciplina sus hábitos. A través de cómo lidera su familia. A través de cómo responde ante **Dios** por sus decisiones.

La masculinidad no necesita probarse con declaraciones ruidosas. Se vuelve visible a través de la consistencia silenciosa.

James comenzó a reflexionar sobre una idea que había moldeado gran parte de su camino: las prioridades. Durante años había perseguido el equilibrio. Pero el equilibrio lo había dejado disperso. Intentando dividir su atención entre todas las demandas. Intentando complacer todas las expectativas. Intentando mantener armonía en áreas que, en realidad, requerían decisiones firmes.

Con el tiempo, descubrió que Cristo nunca enseñó equilibrio. Enseñó prioridades. Buscar primero el Reino de **Dios**. Honrar a **Dios** por encima de todo. Proteger las responsabilidades que han sido colocadas delante de uno. Todo lo demás debe ordenarse debajo de esas prioridades.

Una vez que James entendió este principio, muchas de las tensiones en torno a la masculinidad comenzaron a desaparecer. Porque un hombre guiado por prioridades no se deja arrastrar por las opiniones culturales. Permanece firme.

Sabe qué debe ir primero. Sabe qué debe proteger. Sabe qué debe rechazar.

James también reflexionó sobre el concepto de responsabilidad. La responsabilidad no puede heredarse. No puede transferirse. Y no puede delegarse. Cada hombre, eventualmente, estará delante de **Dios** dando cuenta de cómo vivió su vida. Dando cuenta de cómo usó las habilidades que se le dieron. Dando cuenta de cómo trató a las personas que le fueron confiadas.

Este entendimiento eliminó la tentación de culpar a las circunstancias. Eliminó la tentación de culpar a la cultura. Eliminó la tentación de culpar a otros. La responsabilidad pertenece al hombre mismo.

James comenzó a ver que la masculinidad nunca se trató de dominio o control. La verdadera masculinidad es la disposición de cargar la responsabilidad con fidelidad. Es el valor de mantenerse firme cuando la presión invita al compromiso. Es la humildad de reconocer errores y corregirlos. Es la disciplina de mantenerse constante incluso cuando nadie está mirando.

Esta comprensión transformó su manera de ver el liderazgo. El liderazgo ya no se trataba de estatus. Se trataba de mayordomía. Un hombre lidera porque es responsable. Lidera porque alguien debe proteger la estabilidad. Lidera porque alguien debe establecer orden. Lidera porque alguien debe responder ante **Dios** por la dirección del hogar.

James entendió que muchos de los debates sobre la masculinidad habían ignorado esta verdad fundamental. La masculinidad no se trata principalmente de poder. Se trata de responsabilidad. El poder busca control. La responsabilidad busca estabilidad. El poder exige reconocimiento. La responsabilidad acepta rendición de cuentas. El poder eleva al individuo. La responsabilidad protege a la familia.

A medida que estas verdades se asentaban en su mente, algo más profundo comenzó a ocurrir. La distancia entre observador y participante desapareció. Las reflexiones que antes había hecho desde la observación ahora se volvieron personales. Porque el camino que había descrito no era solo teórico. Era vivido.

James había luchado con la responsabilidad. Había enfrentado la disciplina. Había experimentado las consecuencias de sus decisiones. Y a través de esas experiencias, había comenzado a redescubrir lo que la masculinidad realmente requiere: responsabilidad, rendición de cuentas, prioridades, convicción.

En algún momento, James comprendió algo que cambió completamente la forma en que veía su historia. James no era solo un personaje observando la masculinidad. Era un reflejo. Un reflejo del hombre que escribió estas páginas.

Porque el camino descrito en estos capítulos no era ficción. Era personal. Las observaciones. Las luchas. Las realizaciones. Pertenecían a un hombre que las había vivido. Un hombre que había enfrentado su responsabilidad. Un hombre que había confrontado sus fallas. Un hombre que había decidido levantarse nuevamente con claridad y convicción.

Ese hombre ya no estaba escondido detrás del nombre James.

Su nombre era Jonathan.

Y la historia que comenzó como reflexión se había convertido en apropiación.

Jonathan entendía ahora que la responsabilidad de la masculinidad no pertenece solo a filósofos o comentaristas culturales. Pertenece a cada hombre. A cada hombre que está delante de **Dios** siendo responsable por su vida. A cada hombre que carga la responsabilidad de formar el futuro de su familia. A cada hombre que debe decidir si va a vagar por la vida o mantenerse firme con convicción.

Jonathan sabía que la conversación cultural sobre la masculinidad continuaría. Las críticas seguirían. Las opiniones cambiarían. Pero ninguna de esas voces podía eliminar la responsabilidad que **Dios** ha puesto sobre el hombre.

La responsabilidad permanece.

Espera pacientemente el momento en que un hombre decide aceptarla.

Jonathan había llegado a ese momento. Y entendió que aceptar la responsabilidad no era el final del camino. Era el comienzo.

Porque la responsabilidad no se carga una sola vez. Se carga todos los días. A través de la disciplina. A través de la humildad. A través de decisiones constantes que honran a **Dios** y protegen a la familia que le ha sido confiada.

Jonathan creía que cuando suficientes hombres redescubran esta verdad, algo poderoso sucederá. Las familias se estabilizarán. Los hijos crecerán con mayor claridad. Las comunidades se fortalecerán.

Y la confusión en torno a la masculinidad comenzará a desaparecer. No porque se ganaron argumentos. Sino porque los hombres eligieron responsabilidad.

Jonathan cerró sus reflexiones con una última verdad.

La masculinidad nunca desapareció.

Nunca fue destruida.

Simplemente fue descuidada.

Y en el momento en que un hombre elige la responsabilidad nuevamente, algo extraordinario sucede.

La fuerza que parecía lejana regresa.

La claridad que parecía perdida se vuelve visible.

La corona que parecía olvidada es colocada nuevamente donde pertenece.

Y el hombre se levanta otra vez como siempre fue llamado a hacerlo.

Responsable.
Rindiendo cuentas.
Fiel delante de **Dios**.

La corona nunca fue arrebatada.

Simplemente decidió volver a llevarla.

La responsabilidad no es algo que un hombre hereda. Es algo que elige cargar.

Carta a Mi Hijo

Hijo mío, si algún día estás leyendo esto, significa que el tiempo ha pasado y que ahora estás caminando tu propio camino como hombre. Hay muchas cosas que desearía poder enseñarte personalmente a medida que la vida se va desarrollando. Algunas lecciones vendrán a través de mis palabras, otras a través de mis errores, y muchas a través de tus propias experiencias. La vida tiene una forma de moldear a los hombres a través de desafíos que no siempre pueden explicarse de antemano. Pero hay algunas verdades que espero que siempre recuerdes.

Primero, eres más fuerte de lo que crees. La vida pondrá obstáculos frente a ti que pondrán a prueba tu paciencia, tu disciplina y tu valentía. Habrá momentos en los que dudarás de ti mismo, en los que las circunstancias parecerán injustas y en los que el peso de la responsabilidad se sentirá más pesado de lo que esperabas. En esos momentos, recuerda que la fortaleza no es la ausencia de lucha. La fortaleza es la decisión de levantarte una vez más después de haber caído.

Segundo, recuerda que la responsabilidad no es una carga destinada a quebrarte. Es precisamente lo que formará tu carácter. Las responsabilidades que se presenten ante ti te refinarán, te disciplinarán y te prepararán para liderar a otros con humildad y sabiduría. Cárgalas con seriedad, pero nunca con resentimiento. Un hombre que abraza la responsabilidad se vuelve más fuerte a través de ella.

Tercero, nunca olvides de dónde proviene tu identidad. Antes de ser cualquier otra cosa en este mundo, eres un hijo de **Dios**. Tu Padre celestial te ve, te guía y te llama a vivir con integridad y convicción. Búscalo primero en todo lo que hagas. Si mantienes ese fundamento, el resto de tu vida eventualmente encontrará su orden correcto.

También quiero que sepas algo profundamente personal. No pasa un solo día sin que piense en ti y en el hombre en el que debo seguir esforzándome por convertirme por tu bien. Ser tu padre es una de las mayores responsabilidades que **Dios** me ha confiado. Nunca diré que soy perfecto. He fallado muchas veces, y probablemente volveré a fallar. Pero cada vez que caigo, me levanto. No simplemente porque quiero hacerlo, sino porque te debo esa responsabilidad.

No puedo prometerte que siempre podré caminar a tu lado en cada etapa de tu vida. A ninguno de nosotros se nos ha prometido tanto tiempo. Pero sí puedo prometerte esto: te amaré incondicionalmente todos los días de mi vida, lucharé por tu bienestar y siempre estaré orgulloso de ser tu padre.

Recuerda estas dos cosas mientras te conviertes en el hombre que estás llamado a ser: honra primero a tu Padre celestial, y honra segunda a tu padre terrenal. Si haces eso, nunca caminarás sin dirección.

Papá te ama, hijo.
Nunca lo olvides.

FIN

www.ingramcontent.com/pod-product-compliance
Lightning Source LLC
LaVergne TN
LVHW010104110826
845155LV00028B/477

* 9 7 8 1 9 5 4 3 8 8 0 1 7 *